Relative originale

24 fig. de l'édition
allemande. graven[?]

4 fig. de l'édition
de 1797

18 fig. nouv. édition

Double [illisible] (th. jog. double)

MONROSE

OU

LE LIBERTIN

PAR

FATALITÉ.

Mars , ô Vénus , te devait ſes loiſirs.
Quelque part.

PREMIERE PARTIE.

1792.

MONROSE

OU

LE LIBERTIN

PAR FATALITÉ.

PREMIERE PARTIE.

CHAPITRE PREMIER.

C'est Félicia qui parle.

JE reviens à vous, chers Lecteurs, puisque
vous voulûtes bien m'écouter avec tant d'indulgence la première fois que je m'avisai de
vous entretenir. Mais, malgré l'espèce d'engagement que j'avais pris avec moi-même de
vous donner la suite de *mes Fredaines*, ce ne
sera cependant pas de *moi* que je vous par-
lerai. Trouvez bon de ne me plus voir sur la
scène qu'en qualité d'accessoire : Monrose

(dont vous vous fouvenez fans doute?) va
maintenant y jouer le rôle principal.

Au furplus, ne vous imaginez pas que ce
foit faute de matériaux qu'il me convienne
de laiffer un autre lier fon monument aux
pierres d'attente du mien : au contraire, bien
plutôt, mes chers amis, ferais-je dans le cas
de m'appliquer ce mauvais vers :

     Pour avoir trop à dire.... je me tais.

Mais, pendant plus de dix ans qui fe font
écoulés depuis que j'ai ceffé d'écrire, (*) tout
ce que j'ai pu me permettre d'agréables folies, reffemble fi bien à ce que vous connaiffez déjà, que j'ai cru devoir vous épargner
des *redites.* J'ai beaucoup voyagé ; mais, que
fait un nouvel auteur de voyages ? répéter,
s'il eft véridique, ce qu'un autre, auffi bon
obfervateur, aura dit avant lui, mieux ou
plus mal, des mêmes objets remarquables.
J'ai lu auffi dans les cœurs plus à fond que
du tems où j'écrivais pour la première fois ;
mais mes notes n'ayant pas été toutes gaies

(*) La plus ancienne édition qu'on connaiffe des
Fredaines étant de 1778, il paraît que Félicia reprit la plume pour écrire ce fecond ouvrage environ
en 1788, ou au commencement de 89 ; c'eft-à-dire
très peu de tems avant la fameufe révolution.

                 Note de l'Editeur.

& à l'avantage de l'espèce humaine , & mon
esprit n'étant d'ailleurs nullement enclin à la
satyre, j'ai fait vœu de ne rien peindre de
ce qui exigerait que je mêlasse une trop forte
dose de noir à mes couleurs. Pourquoi, sans
vocation &, je crois, sans moyens pour la
médisance, m'éleverais-je comme exprès,
afin de vous donner de l'humeur contre
une infinité de choses qui souvent ont excité
la mienne ?

Les Français ont cessé de me plaire depuis
que, de gaité de cœur, ils ont renoncé à être
d'amusans originaux, pour devenir de sottes
copies. Les Anglais m'ont envaporée; les
Allemands m'ont passablement ennuyée, tout
en me forçant à les beaucoup estimer ; les Italiens m'ont excédée de leurs grimaces & de
leur multiforme agitation. C'est pour ne pas
délayer tous ces travers sur mon papier; c'est,
en un mot, pour n'être *méchante* sur le compte
de personne en particulier, que je renonce à
vous parler de moi. Le petit nombre d'amis
choisis avec lesquels je passe doucement ma
vie, ne mérite que des éloges. Or, l'éloge
n'est pas ce qu'on lit avec le plus d'appétit,
non plus que la description monotone d'un
petit bonheur exempt de ces traverses roma-
nesques, de ces *oppositions*, délicieuses pour
le spectateur qui, pourvu qu'il ait du plaisir,
ne s'embarrasse gueres de ce qu'ont à souffrir

A 3

les héros de la fcène... Parlons donc de Mon‑
rofe que d'étonnans hafards ont fait exifter
un peu plus orageufement que moi, & en
général d'une manière qui m'a paru neuve.
Il m'eft affez cher pour que j'entreprenne,
avec bien du plaifir, la tâche de raconter fes
aventures qui, d'ailleurs (& j'en réponds)
vous amuferont bien autant que le pourraient
les miennes propres.

C H A P I T R E I I.

Eclairciffemens néceffaires.

MONROSE n'eft point mon frere, quoique
l'aient ainfi confacré les nombreufes éditions
qu'on a faites de *mes Fredaines.* Si la première,
qu'on fabriqua chez les Belges, à mon infçu, &
que toutes les autres ont plus ou moins in‑
correctement copiées, n'avait pas elle-même
été toute autre chofe que ce que j'avais écrit,
on faurait que Monrofe, mon neveu feule‑
ment, eft le fils de Zéïla (devenue Mad. de
Kerlandec, & depuis encore, devenue Milady
Sidney (*)) ma fœur & nullement ma mere.

(*) Voyez les derniers chapitres de la quatrième
partie de Félicia , édition de 1792.

Au surplus, l'occasion naîtra de rectifier, chemin faisant, des erreurs généalogiques, qui, dans le fond, font de peu de conséquence pour le Lecteur. Mais il est à propos de lui dire, s'il n'a pas fous la main quelque exemplaire de mes Fredaines (*), que ce fut moi qui lançai dans le monde le charmant Monrose, & qui lui donnai les premières leçons du bonheur ; qu'on lui fit faire enfuite un voyage en Angleterre ; qu'il en revint à l'occasion du débrouillement de nos intérêts de famille ; qu'alors il fut infcrit dans la compagnie des Moufquetaires noirs, & qu'à leur fuppreffion, (**) Monrose, à peine âgé de feize ans, mais grand & affez formé pour qu'on pût fuppofer qu'il en avait deux de plus., fut pourvu d'une réforme-de-cavalerie.

Les êtres bien nés, bien infpirés, fe livrent volontiers avec enthoufiafme à la profeffion qu'ils ont embraffée. Monrose, militaire, crut devoir épier les moindres occafions d'apprendre fon métier, & chercher par toute la Terre à s'y rendre recommandable. Il prit donc, de lui même, le parti d'aller fervir en

---

(*) Félicia ne prévoyait point qu'avec ces nouveaux Mémoires, les fiens feraient réimprimés, & que le tout ne compoferait plus déformais qu'un même Ouvrage. *Note de l'Editeur.*
(**) Au commencement de 1776.

Amérique, où la France prodiguait fon or & fes foldats pour le foutien de cette *infur-rection*, prétendue philofophique, dont l'exemple eft devenu funefte à plus d'une contrée de l'Europe (*), & de laquelle certains politiques jugent que nous aurions mieux fait de ne point nous mêler.

Quoi qu'il en foit, comme une difcuffion de ce genre eft abfolument étrangère à mon fujet, il me fuffit de dire qu'utile ou préjudiciable à l'Etat, cette émigration militaire fournit à Monrofe l'occafion d'une heureufe *caravane*. Il partit comme volontaire (**), déterminé par des convenances avantageufes & affuré de l'intérêt particulier que prendrait à lui certain Officier-Général.

Il fervit là bas, comme il fe pique de tout faire, c'eft-à-dire à merveille. Trop de zele

---

(*) Alors, à la Hollande, au Brabant, au pays de Liege : le tour de la France n'était point encore venu. *Note de l'Editeur.*

(**) Milord Sidney, excellent citoyen, & Milady, mere de Monrofe, virent avec un extrême déplaifir notre Héros aller prêter main-forte aux Infurgens; mais fi Milord était Anglais, Monrofe était Français. Sidney fentit donc que le jeune homme agiffait felon le même principe de patriotifme qui lui faifait fouhaiter qu'il n'agît point. Le beau-pere eût donc été auffi blâmable de gêner Monrofe, que celui-ci de réfifter, par déférence, à fa vertueufe infpiration.

pourtant lui fit outre-paffer par fois les bornes du devoir; un coup de bayonnette &
une forte contufion dont on l'apoftropha juf-
tement.à deux échauffourées auxquelles il n'é-
tait nullement obligé de fe trouver, le pu-
nirent de cette ardeur hors de faifon; mais,
comme il ne lui eft refté de ces honorables
bleffures que des cicatrices qu'on ne voit
point, & qui n'ont pas privé fon adorable
figure du moindre de fes agrémens, il eft aujourd'hui démontré que mon intrépide neveu
fut très-bien infpiré lorfqu'il s'expofa de la
forte.

Peut-être avec le tems fût-il devenu céle-
bre par fes exploits belliqueux, mais la paix
enchaîna fon courage. Il revint en France,
où les mirthes du plaifir devaient bientôt fuc-
céder fur fon front aux lauriers de la gloire.
C'eft cette douce tranfition qui me vaut aujourd'hui l'honneur d'être l'Hiftorienne de
mon enfant-gâté; car, n'entendant rien à
chanter des proueffes martiales, je me fens,
au contraire, autant de facilité que de vocation à célébrer celles qui font de mon reffort.

Eft-il néceffaire, cher Lecteur, de vous
dire que Monrofe revint de là-bas avec un
petit aigle d'émail (*) pendant au bout d'un

_____

(*) L'ordre de Cincinnatus.

ruban bleu-de-ciel liferé de blanc?... Pourquoi non : bien que cette décoration militaire foit abfolument étrangère aux attributs
galans d'un homme à bonnes fortunes! difons tout de fuite, pour n'être plus dans le
cas de reparler des trophées de la guerre,
que notre Héros était parti d'Amérique avec
des dépêches fecretes, qu'on lui avait con-
fiées, bien moins vu leur importance offi-
cielle, qu'afin de le faire paraître plus avantageufement à Verfailles; qu'il y fut accueilli,
par les Miniftres, avec cet engouement dont
les plus graves perfonnages font fufceptibles
dès qu'ils font nés Français; qu'on joignit
aux éloges un bienfait confidérable, avec le
grade de Colonel, & qu'on fit encore le fortuné Monrofe chevalier de St Louis, à caufe
de fes actions d'éclat & de fes bleffures. Il
avait vingt-deux ans alors.

CHAPITRE III.

Revenant-bon de la fageffe.

Par un effet infiniment heureux de l'afcendant que prend une paffion ardente fur toutes
les autres dont les germes peuvent fe trouver dans le même cœur, Monrofe, homme

de guerre, avait totalement oublié que la
nature l'avoit principalement formé pour être
un homme de plaisir.

A son retour, il m'offrit, avec une vivacité qui me parut bien sincere, *de rentrer
dans mes chaînes.* Je le remerciai fort, & *toujours la même*, je l'assurai qu'il n'y avait point
de *chaînes* chez moi : mais par accommode-
ment j'agréai l'hommage du réveil de ses
joyeuses flammes. (*).

Pour moi, quelle délicieuse surprise la première fois que je lui permis l'exercice de son
ancien privilége ! Pardon, cher d'Aiglemont,
si vos brillans services, dont je conservais
un reconnaissant souvenir, perdirent tout-à-
coup à mes yeux les trois quarts de leur lus-
tre, comme la plus brillante étoile pâlit au
lever du soleil. Six ans d'une abstinence to-
tale, qui ne peut gueres être expliquée que
par le concours des circonstances stériles pour
la volupté, dans lesquelles Monrose venait
de vivre, l'avaient tellement conservé, muri,
trempé, (l'expression n'est point hyperboli-
que) que je ne concevais pas, moi, si fami-
liarisée avec les perfections de l'espèce virile,

(*) Le Lecteur voudra bien me permettre de lui
rappeller que, quoique tante de Monrose, je n'ai
qu'à peine dix-huit mois de plus que lui.

Note de l'Auteur.

comment aux traits enchanteurs, aux formes
délicates d'Apollon, pouvait s'être adapté,
comme exprès pour completter un chef-d'œuvre, le plus defirable attribut de l'amant
d'Omphale, ou plutôt celui qui caractérife le
Dieu de Lampfaque, cet épouventail, en un
mot, dont tous les monumens antiques nous
affirment que notre fexe, fi frêle, affrontait
volontiers la brutalité, faifant grace d'ailleurs
à la laideur du Dieu, pareillement confacrée.
Qu'on juge de ce que devait être Monrofe,
quand mille beautés n'étaient, chez lui, dé-
menties que par une monftruofité de ce mérite.

Lorfqu'il fut queftion de *renouveller connaiffance*, je me gardai bien de mettre au jour
les agréables réflexions que je faifais tout bas
fur cet *émerveillant* phénomène. Heureufe
d'une découverte qui, d'après ce que j'avais
autrefois connu, trompait exceffivement mon
attente, je ne portais encore aucun jugement.
Ceux qui promettent le plus, tiennent quelquefois fi peu! mais mon Preux fçut bien
me prouver que la fanfaronade n'était du tout
fon genre... ══ A la bonne heure, me dis-je :
il y a mis aujourd'hui de la vanité ; mais laif-
fons le faire, il fera bientôt obligé d'en rabattre : comme, pour lors, je me moquerai
de lui! ══

C H A P I T R E I V.

Confidences. Connaiſſance nouvelle.

Non pas tout-à fait exprès pour cette repriſe de poſſeſſion, mais bien afin d'être un
peu plus à nous-mêmes & de pouvoir cauſer, ſans importuns, de tout ce qui nous
était arrivé pendant une ſéparation ſi longue,
nous nous étions rendus à cette délicieuſe
Terre dont on peut ſe ſouvenir que Milord
Sidney m'avait fait don (*). J'y avais conduit
avec nous, une ſeule perſonne, la Baronne
de Lieſſeval, mon intime amie, confidente
de mes plus ſecretes affections, comme je
l'étais alors de toutes les *ſiennes*.

Dans le jardin, au clair de la lune, tandis que notre charmant compagnon de voyage était, croyait-on, occupé dans ſon appartement, *d'écritures qu'il ne pouvait diffé-
rer* , je contais ainſi ma chance.

⸺ Sais-tu bien, ma chere Lieſſeval, que
ce Rodomont s'eſt donné cette nuit les airs
de me faire *ſept chapitres* complets de ce qu'il

_____

(*) Voyez le deuxieme volume des Fredaines.

avait à me *dire?* — Je le crois fort *éloquent*, (répondit affez tranquillement la petite Baronne.) — Mais, c'eft qu'en vérité ce n'était point du *verbiage* : on ne peut *haranguer* plus folidement. — J'en fuis certaine, & je fais de plus, qu'en vous quittant, il était encore fort en état de *haranguer* qui aurait eu la complaifance de lui *prêter l'oreille*. — Que voulez-vous dire ! — Ne m'avez-vous pas fait ce matin la faveur de m'envoyer M. de Kerlandec (*) à l'heure du déjeûner. — C'était pour vous prier de ma part de venir me joindre : il avait marqué le defir de vous faluer, & de vous offrir la main... Vous me faites penfer que ce meffage n'a pas été bien prompt. — Il l'eût été davantage fi j'en avais cru M. votre Neveu. Vous étiez, difait-il, très preffée de me revoir ; cependant, comme par l'étourderie de Rofe, qui avait oublié je ne fais quoi d'indifpenfable, je me trouvais feule, (en chemife & fous le rideau de mon lit pour tout rempart) à la merci de votre fringant Ambaffadeur, il lui a pris foudain une forte tentation, qui, de la maniere dont il s'y prenait, ne nous eût pas en effet bien longtems retardés. — Comment! de la violence? -- C'eft-à-dire... ce qu'on peut en emploier,

---

(*) Nom de famille de Monrofe.

sans être brutal, à l'appui de certain moyen
de séduire qui, par fois, arrache aux sens un
demi-consentement. Vous conviendrez pourtant, ma bonne amie, qu'avec une femme à
qui l'on n'a jamais dit *un mot de tendresse*, &
qui n'est point *affichée*, de pareils procédés
sont le comble de l'impertinence ?-- On prend,
à ce que je vois, de fort vilaines manières en
Amérique. Comment vous êtez-vous tirée de
là ? — Bien, par miracle : vous savez que je
ne me pique ni d'une grande vigueur de corps,
ni de beaucoup de rudesse dans le caractère ?
J'avais montré du courage, en me défendant
d'aussi bonne guerre qu'on m'attaquait : j'é-
tais donc en regle. — Vous vous êtes rendue ?
Mais ! il n'y a pas de *miracle* à cela. — Vous
me comprenez mal : j'avais encore l'avantage ; mais il était au moment de m'échapper,
lorsque les *talons* de Rose, accourant vers
nous, ont changé subitement la scène : la
chûte du rideau m'aura mise probablement
à l'abri de tout soupçon, pourvu que mon
brillant adversaire ait pu, de son côté, sau-
ver aussi habilement les apparences ; mais il
devait y avoir quelque difficulté... Vous concevez, ma chere Félicia, que cette *extrava-
gance* nous a fait perdre du tems ? ═

CHAPITRE V.

Secret arraché. Diverſion qui rompt la ſéance.

COMME je ne voyais pas qu'à travers ſes petites plaintes Mad. de Lieſſeval marquât beaucoup de colere contre *l'extravagant*, il me
vint ſoudain à l'eſprit, que cette Roſe aurait
fait tout auſſi bien, au gré de ſa Maîtreſſe,
de revenir quelques inſtans plus tard.

Je me rappellai que, pendant le trajet de
Paris à la campagne, la Baronne avait eu certain air penſif, ſérieux : je le lui voyais toutes les fois que ſon cœur commençait à lui
dire quelque choſe en faveur d'un nouvel
amant; car, chez cette Dame, *le cœur* (*)
était toujours de la partie. Singuliere dans
ſon genre, Clarice (c'eſt un nom que mon
Amie ſe donnait volontiers à la mode des
Romans) Clarice ne différait en rien des autres femmes galantes, même de celles qui le
ſont beaucoup : ſinon que chaque *caprice* était

_____

(*) On n'entend point ici, ce que de nos jours,
un Bel-eſprit a mis en poſſeſſion d'un ſi beau nom, ſi
plaiſamment uſurpé ! En un mot, il s'agit du *cœur
honnête.* (Note de l'Auteur.).

pour

pour elle une *paſſion*, en avait la marche,
(toujours fort rapide de la naiſſance au dénouement) & le nom, dont elle ennobliſſait,
fort ridiculement, ſes fréquentes faibleſſes.

Pour tâcher de découvrir ſi peut-être il
n'y aurait pas eu déjà quelque *prévention* de
ſa part, en faveur de notre beau jeune homme, je m'aviſai de dire avec gaité : ſi
cependant il vous avait violée ? —— Eh
mais (répondit-elle avec un ſoupir plus tendre que badin) il faudrait bien que je m'en
conſolaſſe. —— Avouez, ma chere, qu'on n'eſt
pas de cette tournure-là ?... — J'avouerai encore, ſi vous voulez, qu'on ne viole pas
avec plus de grace...——Qu'il eſt d'une beauté?..
—— d'une folie!... —— Qu'il aurait les plus
grands torts du monde ſans qu'on pût s'empêcher de l'aimer ? ═ Point de réponſe pour
le coup! je fus au fait. ═ Eh bien, Mad. la
Baronne, ajoutais-je, vous êtes folle de lui ?
—— Mais il l'eſt de vous, ma chere Comteſſe... (*). ═

Elle s'était en même tems emparée de mes
mains, avec un tranſport aſſez ordinaire aux
êtres agités & gonflés de ſecrets dont ils brû-
lent d'exhaler la ſoulageante confidence. Je

(*) On ſe ſouvient que Félicia eſt veuve d'un
Comte ? Mais elle ne le nomme ni dans ſa propre
hiſtoire, ni dans celle-ci. *Note de l'Editeur.*

Première partie. B

n'avais qu'un mot à dire pour guérir Clarice de sa naissante jalousie : comme j'allais le prononcer....

Un bruit assez frappant, mêlé de ris, de *chut*, *chut*, & de petits mots coupés, nous apprit qu'à vingt pas de nous quelqu'un escarmouchait vigoureusement avec une femme. Je fis signe à mon amie de ne plus rien dire ; nous nous levâmes... pas à pas, sans faire le moindre bruit, nous nous approchâmes assez pour qu'il n'y eût plus entre nous & les Acteurs de la nouvelle scène, que l'épaisseur de la charmille qui formait le cabinet où elle se passait... Déjà régnait dans cet endroit le plus profond silence !... Que pouvait-il signifier ?

CHAPITRE VI.

Qui c'était. Monrose est vengé.

DÉLICIEUX instant où l'on oublie son être dans l'ivresse du parfait bonheur ! cet endiablé de Monrose (qui n'avait point écrit, ou dont les dépêches avaient été bientôt achevées) vous faisait goûter sous ce feuillage... à qui ? A cette même Rose, rentrée, le matin, chez sa Maîtresse si mal-à-propos.

Rose était un laidron de 18 ans, complet-

ƒement magique, au nez en l'air, aux brillantes couleurs, à l'œil électrique, aux dents
parfaites, à la chevelure énorme & tant ƒoit
peu crépue, d'un noir d'ébene... ayant, en
un mot, tout ce qui peut enlever à la vraie
beauté ƒes plus intéreƒƒantes conquêtes.

═ Vous me deviez bien cela, Mademoi-
ƒelle (dit le corƒaire de Monroƒe, après un
de ces baiƒers qu'une réciproque ardeur fait
quelquefois ƒi bien réƒonner) c'eƒt pour vous
apprendre à me faire, à propos de rien, de
mauvaiƒes plaiƒanteries. ── Vous venez de
m'en faire une charmante, en vérité! Je vois
bien, M. le Chevalier, qu'il n'y a pas moyen
de plaiƒanter avec vous ! ── Qu'aviez-vous vu,
là ? ── Préciƒément ce que vous venez de me
faire ƒi bien ƒentir. ── Eh bien! fallait-il en
tirer une conƒéquence auƒƒi ƒaugrenue ? Vous
vous imagineriez apparemment qu'on peut
entrer impunément chez une femme adorable, la ƒavoir, de ƒon propre aveu, preƒque
in naturalibus derriere un ƒimple rideau, voir
par le bas des petits pieds d'une tournure
unique, & ne pas ƒentir un voluptueux deƒir
s'allumer à l'excès ? ── Ma Maîtreƒƒe a, j'en
conviens, tout ce qu'il faut pour le faire
naître ; mais... (Roƒe riait) vous mettez-vous
auƒƒi à votre aiƒe que je vous ai vu, toutes
les fois que quelqu'objet aimable vous monte l'imagination ? ── Vous me faites une mau-

vaife chicane : votre Maîtreffe ne s'eft doutée
de rien. — Vous me faites un conte abfurde.
Elle s'eft fi bien doutée de tout, que, me
préfentant à la porte une premiere fois, je
vous ai vus tous deux... — *Vus*! celui-ci eft
fort. — Oui, *vus*, Monfieur, & fi bien *vus*,
que j'ai cru néceffaire (puifque je devais abfolument rentrer) de retourner fur mes pas
& de faire affez de bruit pour que vous vous
avifaffiez enfin que tout était ouvert & que
j'allais paraitre. — Ah! vous y avez mis de
la fineffe, Mademoifelle : eh bien, vous allez
encore me payer cela. =

Comme nous n'avions aucunement envie
que cette explication eût plus de fuite, nous
paffâmes fans affectation devant le cabinet,
& je dis prefque haut : = je me trompe fort,
ou votre Rofe eft là-dedans en bonne fortune avec quelqu'un de mes gens. C'eft un peu
lefte! = Mais, nous ne fîmes pas femblant
d'être plus au fait.

A peine avions-nous fait trente pas, que
le coupable fe montre en face, & fredon-
nant une ariette, d'un air fort naturel. Il ne
pouvait être déjà là fans avoir fait, exceffivement vîte, un grand détour. Nous rîmes
beaucoup. = J'allais vous chercher, Mefdames, (dit il fans penfer d'abord que nous
pouvions rire de lui) je vous fuppofais au
cabinet de charmille... — En effet, interrom-

pis-je, nous avons failli nous y arrêter. ══
Nous éclatâmes pour le coup : il ne fut plus
notre dupe, & ne fongea qu'à brifer fur les
détails de notre promenade. Nous rentrâmes
enfemble : ni la Baronne ni lui ne parurent à
leur aife le refte de la foirée.

A l'heure où l'on fe fépare, un ferrement
de main fignificatif m'annonça que mon aimable fou me deftinait la galanterie de reparaître chez moi dès · qu'il aurait reconduit
mon amie, qui s'excufait au furplus très-fort
(par fimagrée fans doute) d'agréer cette politeffe. Moi, pour toute réponfe, je dis d'un
ton malin & tout haut. ══ Bien obligé, mon
cher, je ne veillerai point : vous avez vous-
même befoin de repos. ══ Quoique cela le
myftifiât beaucoup, il fourit : je demeurai
feule : on me mit au lit, & jufqu'au lendemain je n'entendis plus parler de mes deux
perfonnages. Mais, voici le compte que me
rendit Clarice de la reconduite & de ce qui
s'en était fuivi.

CHAPITRE VII.

Paſſion convertie en inpromptu.

JE vous garde encore un moment, Monſieur, & c'eſt pour vous gronder bien fort :
(avait dit Mad. de Lieſſeval chez elle, dés-
habillée, coëffée de nuit, & ayant permis
à Roſe d'aller ſe coucher) trouvez bon
que je me plaigne très-ſérieuſement des étranges manieres que vous aviez, ce matin, avec
moi... ——Ne parlons pas de cela, charmante
Baronne, (*lui prenant tendrement les mains*)
ou ſi tout de bon vous avez envie de que-
reller, que ce ſoit du moins pour quelque
choſe qui en vaille la peine... == En même
tems, l'audacieux perſonnage court vers la
porte, comme s'il avait eu le deſſein ſeule-
ment de voir ſi l'on ne pouvait écouter leur
explication, mais en effet pour pouſſer un
verrou. —— Cela ne ſera pas par exemple
(avait dit alors très-vivement Clarice, courant auſſi du même côté.) —— Eh bien, ne me
grondez donc pas. A cette condition je vais
ouvrir portes, fenêtres, tout ; à bon compte
le verrou reſtait pouſſé.

Clarice, peu d'accord avec elle-même, avait

eu l'imprudence de fixer fes regards fur cette
adorable figure : il fe mit à la regarder à fon
tour avec des yeux fi doux! fi touchants!
== Je fuis trop bonne ; (dit-elle en rougiffant) adieu donc : qu'il ne foit plus parlé de
vos fottifes, mais à l'avenir... — Pardon,
trop aimable amie de ce que j'ai de plus
cher au monde... == Et en parlant ainfi au lieu
de prendre congé, le matois avait conduit
l'offenfée à portée d'un fauteuil où s'était à
l'inftant formé le groupe d'une femme fort
émue, qui laiffe un jeune homme célefte tomber à fes génoux, l'entourer de fes bras, &
refpirer à deux doigts de fa bouche... Il continua : Pardon ; mais, fachez, pour ma juf-
tification, que je ne vous ai pas vue un moment fans avoir auffitôt conçu pour vous la
paffion... (Ce mot fi cher à la Baronne la fit
treffaillir de plaifir.) *Paffion* ! (interrompit-
elle) Un homme de votre âge & de votre
état en eft-il bien capable! — Ah oui! oui,
Clarice : (*il s'enflammait*) & de la plus vio-
lente encore, quand c'eft vous qui l'infpirez.
— A vous!... à vous, Monrofe! Quand
je fais que la Comteffe... hélas! je ne
puis m'en formalifer... Elle eft votre ancienne conquête, & maintenant vos... *foins*
près d'elle font un nouveau devoir... — Eft-
ce à vous, cruelle femme, à me le rappeller,
& n'êtes-vous pas auffi coupable que moi en-

vers votre amie !... Sans vous... fans vous ,
je l'idolatrerais encore... Ne me faites pas
rougir de moi - même... j'ai fans doute des
torts irréparables... — Ah , oui ! Chevalier ;
car cette rare amie a pour vous un attachement... — N'analyfez pas davantage la faute
d'un homme qui fait profeffion d'avoir à la
Comteffe des obligations dont il eft à jamais
impoffible de s'acquitter. Parlons de vous. —
Eh bien ! fuppofons qu'une femme , affez faible pour vous aimer , pourrait , avec l'aide
de l'amitié , n'être point jaloufe d'une liaifon telle que celle que je vous connais ; fuppofons encore que cette femme tour-à-tour
faible & forte... ce ferait moi , comment du
moins me ferais-je une raifon fur... ce qu'a-
vec ma femme de chambre... au jardin... ⸗

Debout , à ces mots , & faifant en même
tems un bond en arriere , l'étourdi fe frap-
pa le front de fes mains avec une expreffion
fi vive , que la tendre Clarice trembla qu'il
ne fe fût bleffé... La voilà donc qui , plus
morte que vive, lui faute au cou, l'accufe de
folie , & tâte d'une main auffi timide que
douce , cet angélique vifage , lequel au furplus n'avait aucun mal. ⸗ Elles favent tout !
(dit-il comme anéanti.) — Oui ; nous favons , Chevalier , que vous puniffez de pré-
tendues offenfes , comme d'autres récompen-
fent les meilleurs fentimens. ⸗

J'abrege : qu'on suppose une naïve con-
feflion, (dont au surplus la Baronne aurait
bien fait grace) d'humbles excufes, des fer-
mens paffionnés, d'une part; de l'autre, quelqu'irréfolution, quelques fcrupules faciles à
combattre. Bref : toute controverfe ceffante,
la chere Baronne garde jufqu'au lendemain
l'adorateur le plus incapable d'attendre qu'il y
eût du moins *un peu d'amour de filé*, comme ç'avait d'abord été le vœu de l'Héroïne.

Elle m'affura que, qui n'aurait pas fçu ce
qui s'était paffé la veille, n'aurait jamais imaginé que Monrofe eût fait fi récemment, ailleurs, l'effai de fes amoureufes facultés.

Les vives careffes dont la Baronne avait
accompagné fon récit, étaient encore teintes
du bonheur dont elle venait d'être comblée.
= C'eft un Dieu! (difait-elle avec exaltation.) Puis, paffant auffitôt, fans aucune nu-
ance, au ton dur, & fronçant le fourcil : =
Je chaffe Mlle Rofe aujourd'hui. — Pourquoi?
— L'impudente! je lui pardonnerais fes foup-
çons de ce matin! — Ils étaient bien un peu
fondés. — Ce que du moins je ne lui par-
donnerai de ma vie,... c'eft d'avoir poffédé
ce rare mortel avant moi. — Eh! c'eft précifément à caufe de cela qu'il faut bien vous
garder de la renvoyer. Elle a quinze & bifque
fur vous; voulez-vous donc afficher qu'un
fuccès de pur hafard vous bleffe & vous ir-

rite ? Ferez-vous l'école de mettre au-deſſus
de ſa maîtreſſe une fille qui, ſans cela, ne
pourra ſonger à lui rien diſputer ? Roſe vous
eſt attachée ; elle vous ſert parfaitement : le
feu de paille qui vous échauffe maintenant,
ne ſerait pas plus tôt conſumé, que vous re-
gretteriez cette utile domeſtique. ⸗

La Baronne entendit raiſon : Roſe, conſer-
vée, en fut quitte pour quelques bouffées
d'humeur qu'il lui fallut eſſuyer, mais dont
en ſecret elle était enchantée. Huit jours heureux ſuffirent pour éteindre le volcan d'a-
mour qui s'était ſi bruſquement allumé dans
le cœur de Mad. de Lieſſeval : je n'avais pas
été moi-même abſolument négligée, & je
gagerais bien que Roſe encore, avait eu par-
ci, par-là, quelques rognures des attentions
de notre héros.

Nous étions tous très-ſatisfaits de notre
voyage, quand nous rentrâmes dans la Capitale.

C H A P I T R E V I I I.

Beaucoup plus long que je ne l'aurais voulu.

Monrose occupait dans mon hôtel, un appartement décent, commode, & qui avait ses issues particulieres; d'ailleurs il vivait chez moi répandu dans ma société qui l'admirait, le chériffait; il disposait d'une de mes voitures; & son revenu, fort honnête, pouvait être employé tout entier à satisfaire des fantaisies agréables.

Sur ce pied, il était sensé de ma part que, prenant à lui l'intérêt le plus tendre & le plus pur, j'étudiasse beaucoup la maniere dont il allait vivre à Paris, séjour si dangereux pour les êtres qui, tels que Monrose, réunissent de si nombreux avantages. Il s'agissait de savoir quelles seraient ses liaisons, ses habitudes; à quelles occupations, à quels amusemens il donnerait une préférence que je ne voulais pas même indiquer, mon intention étant, au contraire, de cacher à mon précieux ami une grande partie de l'influence qu'il me semblait possible de conserver dans ses futures destinées.

Pendant un hyver entier, je le laissai par-

faitement libre. Galant fans prétentions avec
moi, (qu'il avait enfin appris à bien connaître) il n'était plus qu'un charmant voifin
toujours à mes ordres, mais de qui, dix fois
contre une, l'état de mon courant me faifait
refufer les effentiels autant que doux fervices.

Je voyais d'ailleurs avec beaucoup de con-
tentement que les exercices du corps, comme la danfe, la paume, l'équitation, & ceux
de l'efprit, comme la lecture des bons livres,
le deffin, la mufique occupaient fes matinées ; qu'exact à toutes les bienféances de la
fociété, il ne négligeait aucune des perfonnes que des vues d'agrément ou d'utilité lui
prefcrivaient de cultiver ; qu'il recherchait
l'entretien des gens fenfés, inftruits ; qu'il
comblait les femmes d'égards, & fes amis
particuliers, de ces attentions délicates qui
caractérifent encore mieux un cœur fécond
en bons fentimens, qu'elles ne prouvent une
éducation diftinguée, & l'heureufe habitude
des actions honnêtes. Monrofe avait de plus
le goût des bons fpectacles, des concerts
choifis, des affemblées décentes, mais une
égale averfion pour ces lieux publics où les
fots & les aventuriers ont le droit de fe mêler aux plus honnêtes gens du monde.

Sous tous ces rapports, Monrofe était infiniment mieux qu'on ne devait le prétendre
d'un homme de vingt-deux ans, & chacun,

(hors un feul ami que je favais être bon obfervateur) me faifait compliment de cette in-
croyable maturité peu compatible avec le
régime d'un militaire qui s'était tranfplanté,
prefqu'enfant, fous un ciel fi différent du nôtre. Moi-même je m'étonnais de cette *manie-
re-d'être* fi peu conforme à ce que je pré-
voyais de la part d'un jeune homme bouil-
lant, & dans l'ame duquel je connaiffais les
germes de plus d'une paffion, avec de fi puif-
fans moyens de figurer avantageufement dans
un certain Monde... difons parmi les femmes,
fi habiles à deviner, & fur-tout à mettre à
toute épreuve les individus doués du genre
de mérite que je connaiffais à mon rare Neveu. ═ Comment (me difais je quelquefois)
cet effréné, qui débuta par remplir en vingt-
quatre heures la forte tâche de renouer fept
fois avec une ancienne amie, de violer impi-
toyablement une perfifleufe foubrette, & de
prendre d'affaut la maîtreffe quelques heures
plus tard; comment peut il s'être métamor-
phofé tout-à-coup en Caton, & foutenir ce
rôle! Il y a néceffairement fous cette fingu-
liere apparence quelque gaillarde réalité qu'il
ferait bon connaître, & dont il ferait diver-
tiffant de pouvoir bien railler l'hypocrite, fi
toutefois il ne s'agit pas de quelques travers
defquels il n'y aurait pas moyen de plaifan-
ter. ═ J'avais frappé fans fruit à toutes les

portes ; Monrofe était adoré de fes gens ; ils
ne parlaient de lui que pour chanter fes louan-
ges... Mes femmes ? malgré le refpect qu'elles
lui portaient , & l'admiration qui régnait
dans leurs propos , je les voyais toutes deux
fieres de fon amabilité , & même un peu ja-
loufes. Cependant elles ne me fourniffaient
aucun autre indice du *grand-bien* dont, infailliblement il s'était mis avec l'une & l'autre , car elles étaient parfaitement jolies , &
c'était à qui des deux ferait le plus occupée
pour lui ; je riais de voir bien fouvent mon
propre fervice en fouffrir ; mais , de leur part
& de la fienne , pas l'ombre d'une indifcrétion !

Je réfolus donc enfin de ne me rapporter
qu'à moi feule du foin de pénétrer les fecrets
de Monrofe, s'il en avait. A cet effet, un
certain jour je fis défendre ma porte , fous
quelque prétexte qu'on voulût me voir. Puis,
retenant après dîner mon cher penfionnaire
feul & clos avec moi, (ce qui d'abord lui
parut devoir aboutir à toute autre chofe qu'à
l'enquête méditée) il y eut entre nous une
longue & bien-inftructive converfation (*)
qu'on voudra bien me permettre de renvoyer
aux chapitres fuivans.

_____

(*) On voit ici que Félicia (de peur d'effrayer fes

CHAPITRE IX.

Attaque imprévue. Début de confession.

Iᴌ n'eft gueres honnête de tendre des piéges
à fes amis ; cependant je crus néceffaire à l'exé-
cution du projet que j'avais d'arracher à mon
cher Neveu des confidences peut - être péni-
bles, la fuppofition de quelqu'intérêt qui me
fût perfonnel & qui dès-lors exigeât de fa
part qu'il me parlât avec vérité.

== Mon cher ? lui dis-je, on a fait, à votre fujet un pari confidérable. (Ce début l'é-
tonna beaucoup.) Vous allez m'apprendre qui
a gagné, qui a perdu. — De quoi s'agit-il,
s'il vous plaît ? — Quelqu'un prétend que,
fous les dehors d'une efpece de philofophie...
(Il rougit : je ne fis pas femblant de m'en
appercevoir) vous cachez un libertinage...
pouffé même affez loin, fi l'on ne ment point ?
J'ai parié cinquante louis que vous êtes in-

Lecteurs) n'ofe pas dire tout uniment que la confeffion de Monrofe remplira tout un volume. Plus franc,
je préviens ici que tout à-l'heure c'eft Monrofe qui
va parler, & que Félicia ne fera plus qu'écrire fous
fa dictée. *Note de l'Editeur.*

capable de ce qu'on veut vous imputer, &
qu'au befoin, vous donneriez *votre parole
d'honneur* de la régularité de votre conduite?
— Je fuis vraiment au défefpoir de vous faire perdre, ma chere Félicia, (répondit-il après
un inftant de réflexion, & laiffant paraître fur
fon expreffive phyfionomie non moins de
fouci que de confufion.) mais... il eft par
malheur, trop vrai que le pari ne vaut rien
pour vous. — Monrofe! je perds? Nous. ha-
bitons le même hôtel, & j'en fais moins fur
ce qui vous concerne, que l'étranger avec
qui j'ai compromis mon argent! C'eft affez,
Monfieur, j'avais compté fur votre amitié,
mais je vois bien que je... — N'achevez pas:
(interrompit-il, fe jettant à mes genoux comme je faifais un mouvement pour changer
de place) demeurez de grace, & daignez m'é-
couter. ⸗

Des larmes qui juftifiaient bien éloquem-
ment fon excellent cœur, mouillaient fes
yeux. Les miens auffi faillirent en répandre.

⸗ Un feul mot, mon Ami? Seriez-vous
malheureux? — Non, non, ma chere; mais
j'ai bien rifqué de le devenir... — Votre fan-
té? — Soyez fans inquiétude: elle eft parfaite. ⸗ Je fus foulagée: un ferrement de main
bien affectueux l'affura que j'avais pardonné.
Je m'affis: il me fit face.

⸗ Que ce moment eft doux pour moi
(die

(dit-il d'un ton que l'infenfibilité ne fait pas feindre) Pourquoi faut-il que la crainte d'un peu de ridicule m'ait fi longtems privé des confolations que m'aurait infailliblement fournies votre parfaite amitié! Raffurez-moi: Puis-je encore me flatter qu'elle me foit confervée ? — Oh, oui : oui, tu le peux, Monrofe ; &, dans ce moment plus que jamais, je t'en crois digne. — Votre pari me regarde. — Je n'ai point parié. ⸻

Il fentit bien que ma petite fupercherie ne méritait pas un reproche. La réponfe fut un de ces tranfports careffans où l'ame a bien auffi fa maniere de répandre de la volupté : j'attendais fes confidences ; voici comment il me les fit après un court inftant de réflexion & de trifteffe.

,, Je ne fais s'il vous fouvient que dès le lendemain de notre retour à Paris je crus devoir me préfenter chez Mad. de Folaife, ayant négligé de le faire avant de vous fuivre à la campagne. Je lui devais trop de reconnaiffance pour que, malgré les torts qu'elle fe donne avec vous (*), il n'y eût pas eu peu de dé-

_____

(*) Silvina, Dame de la baronnie de Folaife, n'en avait pris le nom qu'après la mort de fon mari qui avait conftamment refufé de le porter. La Baronne & la Comteffe fe voyaient peu. La premiere avait primé; elle était déchue : cette infériorité l'humiliait. Félicia,

Premiere Partie. C

licateſſe de ma part à manquer, auprès d'elle, d'égards & d'empreſſement.

Je m'attendais à me retrouver avec une eſpece de bonne Bourgeoiſe déſabuſée du Monde, vivant fort ſimplement & ſans beaucoup d'alentours. Je me ſouvenais que certaine petite vérole l'avait cruellement traitée, & que, de deux fort beaux yeux, l'un ſurtout avait failli perdre la lumiere (*); vous pouvez donc être bien aſſûrée, ma chere Comteſſe, qu'aucun projet de coquetterie ne m'avait induit à me parer pour cette grave viſite. Mais, pour ne vous rien taire, j'avais le deſſein d'aller, au ſortir de chez Mad. de Folaiſe, faire un peu la roue au foyer de l'opéra. „ — C'était en effet l'occaſion d'eſſayer le délicieux habit qu'on vous avait apporté ce jour-là. Vous étiez ſuperbe : après ? =

„ Quelle fut ma ſurpriſe, en mettant le pied dans cette maiſon, d'y reconnaître ſous toutes les formes, des prétentions infinies au faſte & à la qualité! Point de Suiſſe, il eſt vrai, mais une livrée remarquable : pluſieurs pieces à traverſer, dans l'une deſquelles était

---

qui l'aimait, ſe mettait ſouvent en fraix d'avances, mais Silvina ſe diſpenſait volontiers d'y répondre. Elle aimait pourtant auſſi beaucoup ſon ancienne pupile, mais de loin.

(**) Voyez la 4e partie de Félicia, ch. 6, p. 21.

encore une table où beaucoup de monde
avait dîné. Mon étonnement redoubla, lorfque, les deux battans ouverts, on m'introde-
duifit dans cet arriere fallon dont vous connaiffez la voluptueufe élégance, & où je vis
enfin la Maitreffe de la maifon tenant tête à
plus de dix perfonnes ! „

CHAPITRE X.

Quelles gens c'étaient. Mécompte.

„ QUAND même Mad. de Folaife, lorfqu'on
m'annonça, n'aurait pas dit, avec une joyeufe-
fe exclamation : === *Je favais bien qu'il ne man-
querait pas de venir : le voilà : c'eft lui-même.* ===
J'aurais néceffairement deviné, à l'air curieux
qu'avait toute cette cotterie, qu'on s'attendait à me voir, & que j'avais été d'avance le
fujet de la converfation.

Mad. de Folaife, debout devant fa vafte
bergere, m'attendait les bras ouverts, & reçut mes complimens avant que perfonne eût
ofé fe raffeoir. Une groffe Dame qui fermait
le cercle à l'autre angle de la cheminée, me
tenait, toute prête, à côté d'elle, une place
qu'elle m'invita gracieufement à venir occuper, tandis que près de Silvine une affez belle

perfonne (qui pouvait pourtant bien avoir
fes vingt-cinq ans,) demeura, fe penchant
fur elle, comme par l'habitude de lui parler
ainfi familiérement à l'oreille : c'était de moi ;
ces Dames me toifaient en même tems du
haut en bas ; au furplus, avec des mines évi-
demment favorables. Je rifquai de conjeĉtu-
rer dans mon cerveau que la groffe Dame
était quelque Financiere hupée, & la Demoifelle, (car celle ci n'avait point de rouge)
quelque complaifante, jouant chez Mad. de
Foiaile un rôle fubalterne. Vous connaiffez
tout cela, ma chere Comteffe ; mais je vous
en parle pour que vous fachiez comment j'é-
tais alors affeĉié. „

„ Je ne me trompais pas : les hommes
étaient deux Eccléfiaftiques d'un extérieur ordinaire ; un Cordelier à rouge trogne, trois
perfonnages en couleur, l'un defquels était
fourd à ne pas entendre le canon : deux Chevaliers de St Louis ; &, je vous gardais celui-
ci pour la bonne bouche, un aimable Ma-
giftrat, à tous crins, qui ne répondait qu'au
nom de *Préfident* ; un de ces êtres pour qui
tout le monde fe tait dès qu'ils daignent prendre la parole. „

„ En vérité, Chevalier, (me dit Mad. de
Foiaife, dès qu'on put s'entendre) vous euffiez
été bien plus aimable de venir me demander
à dîner, que de me faire une vifite de céré-

monie ! n'eſt-ce pas, ma bonne Amie ? (s'a-
dreſſant tout de ſuite à ma groſſe voiſine) mon
Couſin (*) eût été cauſe que nous aurions pu
garder le cher Abbé, au lieu de le renvoyer
comme, avec ſes petiteſſes, (*en montrant le
ſourd*) Monſieur nous y a forcées, de peur
qu'on ne fût treize à table ? == Comme chacun fit à la fois, ſur ce préjugé, ſa petite
épigramme avec l'intention d'y mettre quelque
eſprit, & que chacun riait de ce qu'il venait
de dire, l'enjouement parut général. Le pauvre Diable aux dépens de qui l'on s'évertuait
ainſi, marquait, par une grimace dont ma gravité fut à ſon tour preſque déconcertée, qu'il
était au déſeſpoir de n'être point au courant :
== Quand on eſt ſourd, (dit-il en ſoulevant
les joues de ſa groſſe perruque) on eſt bien à
plaindre. Qu'eſt-ce qu'on dit donc ? == Il cria
ces derniers mots de façon à nous rendre
pour un inſtant auſſi ſourds que lui : on tâ-
cha vainement de lui faire comprendre, par
ſignes, qu'il ne perdait rien d'intéreſſant :
comme il s'était vu pendant un moment le
foyer de tous les regards ; perſuadé qu'il s'é-
tait dit quelque choſe d'obligeant pour lui,
& ne voulant pas demeurer en reſte, il ſe

(*) Monroſe n'était rien à Silvina par le ſang ;
mais elle avait *des vues*, que bientôt on connaîtra.

leve pour faire à tout le monde, de l'air le plus gracieux, une profonde révérence.

„ Cependant Mad. de Folaife ne tariffait pas fur *le chagrin qu'aurait l'Abbé de n'avoir pas été témoin de ma vifite;* fur le plaifir que j'aurais à faire connaiffance avec un auffi charmant garçon que l'Abbé; fur celui qu'il aurait lui-même à faire la mienne. Puis, pour moi, des complimens à me faire perdre contenance; & le lourd encenfoir de paffer par chaque main pour m'enfumer. Enchériffant encore, le merveilleux Préfident venait d'accoucher d'un *inpromptu* fur *le bonheur qu'avait Vénus* (Folaife) *de voir ramener Mars* (moi, fi vous voulez bien :le permettre) *à fes pieds, par les mains de l'Amour*, qui, pour le coup, n'était que votre Cocher, lequel ne reffemble gueres à l'Amour, avec fa large quarrure & fes épaiffes mouftaches. Je ne fais de quoi cette diableffe de Baronne pouvait s'être vantée „... — Eh mais, interrompis-je, tout au moins d'efpérer : peut-être auffi d'avoir été plus heureufe, quoique fon ancien triomphe ait été bien peu de chofe... — Y penfer, répartit finement le conteur, ce n'eft pas rappeller le plus beau trait de notre vie. — C'eft la vérité : pourfuivez. (*)

(*). V. dans Félicia, Partie 3e ch. II, le détail de cette aventure.

,, Le long panégyrique de l'Abbé fini,
tous les lieux communs de la fade adulation
épuifés fur mon compte, il ne fallait plus,
pour combler mon ennui, que le *piano* dif-
cors fur lequel on engagea la Demoifelle confidente à nous toucher la vieille fonate de
Donauer, dont trois ou quatre Auditeurs
chantaient de mémoire la partie d'accompa-
gnement. Que ne m'étais-je efquivé pendant
cette mufique! mais ayant, par malheur attendu la fin, comme j'ouvrais la bouche pour
prendre congé, Madame de Folaife prit foudain la parole pour propofer un tour de promenade au Luxembourg. A l'applaudiffement
général qu'obtint cette idée, je reconnus à
l'inftant que tous ces gens là n'étaient pas
moins ennuyés les uns des autres, qu'ils ve-
naient eux-mêmes de m'ennuyer. On courut
aux chapeaux, aux épées, aux éventails. Tous
les hommes défilerent à petit bruit, excepté
un vieux Chevalier de St Louis, un peu boiteux, pour offrir la main à la groffe Dame ;
le Robin Bel-efprit, pour jouer le même
rôle avec la Demoifelle Muficienne ; & moi,
dans le bras de qui Mad. de Folaife engageait
fans façon le fien, avant de s'être informée
fi cette promenade pouvait m'être agréable.
J'enrageais tout bas de me voir ainfi forcé de
troquer mon *opéra* contre cette mauffade
après-dînée. Cependant, il fallait faire les

chofes de bonne grace : nous franchîmes de
pied, à pas de proceffion, le court efpace
que vous favez ; & le plus trifte des beaux
lieux de l'Europe, nous reçut dans fon enceinte à peu près déferte ,,.

CHAPITRE XI.

Caprice dont les très jeunes gens font volon-
tiers fufceptibles.

,, JE fuis trop franc, continua mon Neveu,
pour vous cacher que bientôt confolé de la
perte du fpectacle, je me mis à faire fur le
compte de la Baronne, tout en la conduifant,
d'avantageufes réflexions. Par quel miracle,
au lieu de cette femme débiffée que j'avais
vue lors de mon retour d'Angleterre, & dont
la beauté femblait alors complettement dé-
truite, revoyais-je, au bout de fix ans, une
Maman tout-à-fait defirable, portant avec
infiniment de grace un attrayant embonpoint,
tirant de fes volumineux cheveux blonds,
d'une teinte charmante, le parti le plus adroit,
n'ayant plus rien d'une Béate humorifte ;
mais bien plutôt déployant, dans tout fon extérieur, le charme de la coquetterie dirigé
par le bon goût ! Il n'exiftait pourtant plus

rien de tout cela quand je partis! par quel
prodige, encore une fois, Silvina s'était-elle
en quelques façons reproduite! A travers
ces penfées il ne pouvait manquer de me venir celle-ci: „ Mad. de Folaife, en dépit de
fes trente-huit ans, bien échus, doit être encore une excellente jouiffance. „

„ A peine eûmes nous fait deux tours dans
le jardin, que le merveilleux Abbé (qui vraifemblablement n'avait pas été renvoyé le matin fans avoir reçu la configne pour le foir)
fe trouva là fort à propos. Difpenfez-moi des
détails d'une préfentation réciproque qui nous
occupa plus de fix minutes, debout, en grouppe au milieu d'une allée; je vous épargne
auffi toutes les belles chofes que dirent les
Dames pour nous provoquer à la fympathie,
caquetant avec tant de bruit & de vivacité
que, dans un lieu moins folitaire, on aurait
bien pu nous régaler de quelque huée „.

„ L'Abbé de St Lubin... „ (ici je hauffai
les épaules.) „ Vous connaiffez donc celui
de qui je vais avoir l'honneur de vous parler? —— Beaucoup : allez votre chemin.

„ L'Abbé me plut infiniment par un certain air de franchife & de gaité qui me parut
être l'ame de fa phyfionomie. Je démêlais
fort bien qu'il était un peu gâté par tout ce
monde là, mais il ne fe montrait pas infatué
de tant de faveur. Sa politeffe à mon égard

était d'un affez bon genre, & je ne trouvais
rien de répugnant à penfer que, puifqu'on
le diftinguait dans la maifon de Mad. de Folaife, il ferait poffible que je me liaffe avec
lui. je fus confirmé dans cette idée quand
une certaine pantomime affez fine, que je
furprenais entre la Demoifelle & lui, m'eut
affuré qu'ils étaient bien enfemble, & que
probablement il ne ferait point un obftacle
pour qui aurait la fantaifie de courtifer un
peu Silvina. ,,— Voilà bien, interrompis-je,
la politique d'un vrai novice! Eh! mon cher
Monrofe, y eut-il jamais de l'*obftacle* auprès
de Mad. de Folaife! Croyez-vous que les années puiffent corriger une femme des gaillar-
des inclinations que nous connaiffons fi bien
à celle-ci! A quoi bon cette Matrone fe fe-
rait-elle, avec tant de foin, appliquée à *ra-
jeunir*, comme vous l'avez très-judicieufe-
ment obfervé, fi ce n'était que, dominée de
la paffion *des hommes*, elle a fait vœu de les
agacer tous, & de ne s'en refufer aucun! ——
,,J'ai pu l'apprendre bien peu de momens après
celui dont je vous parle : mais enfin, j'eus ce
petit mouvement de jaloufie, & je n'ai pas
voulu vous le diffimuler. ,,

　　,, Soit que le Préfident eût auffi remarqué
le jeu de mines dont je m'étais apperçu ; foit
que la feule préfence d'un concurrent en fait
de *mérite* l'eût à l'inftant déterminé, cet hom-

me fi fémillant un moment avant la rencontre
de l'Abbé, fe rembrunit & parut fe fouvenir
tout-à-coup d'un rendez-vous donné, difait-
il, depuis trois jours à une plaideufe intéreſ-
fante qu'il ne pouvait négliger fans la mortifier. Il fauſſe donc compagnie & fe retire
gravement, laiſſant, comme un fot, fon rival en poſſeſſion du bras féminin auquel il
vient de renoncer par humeur. ⹀ Je fuis bien
malheureufe (me dit d'un ton de confidence
& tout bas Mad. de Folaife peu fatisfaite ;
On a beau faire, on ne vient point à bout
de concilier certains efprits. Le Préſident &
l'Abbé, tous deux aimables, tous deux très-
bien reçus chez moi, font comme le rhino-
céros & l'éléphant! il eſt impoſſible de les
poſſéder enfemble en petit comité ; j'en fuis
défolée ; autrement j'aurais engagé celui qui
nous quitte à fouper auſſi ce foir avec nous,
car vous me donnez apparemment, Chevalier, ma revanche de ce matin ? ⹀ Puis, fans
attendre ma réponfe... ⹀ L'Abbé ? vous êtes
libre fans doute ? — Tout à fait à vos ordres.
— Et vous, ma bonne amie ? (*à la groſſe*
Dame) — Au défefpoir, ma chere Baronne :
j'ai du monde chez moi ce foir & j'emmene
Monfieur. (*Son vieux Chaperon*) — Tant mieux :
(me dit alors Silvina, en me ferrant la main,
& très-bas) nous ne ferons que nous quatre,
cela fera plus gai : fon voluptueux fourire

fut en même tems accompagné d'un regard
si brûlant, que je me dis soudain : ⸺ Quel
dommage que de ces deux yeux, non moins
jolis qu'électriques, l'un eût été la victime de
certe petite vérole ! ⸺ Plus j'y faisais attention, plus il me semblait que les vestiges de
l'affreuse maladie, assez visibles à la vérité,
ne nuisaient cependant presque point au charme de la plus agaçante physionomie,,... ⸺
Allons, dis je à Monrose, me voilà bien préparée à vous voir entreprendre, auprès de
Mad. de Folaise, tout ce que peut un homme fort amoureux. ⸺

CHAPITRE XII.

Partie fine. Chanson. Pantomime. Culebutte.

C'EST Monrose qui continue de parler. ⸺
,, Le souper fut excellent : la conversation, toujours gaie, devint, par degrés, gaillarde & bientôt grivoise à m'étonner. La Demoiselle , qu'à
table on avait commencé de nommer Adélaïde,
n'était rien moins que réservée dans ses propos:
loin de là, l'air plus que connaisseur dont elle
souriait aux bons endroits des plus fortes
gravelures, était un sûr indice de certaine
théorie, qu'on ne possede pas ordinairement

à ce point fans s'être permis auffi quelque
peu de pratique. Quant à M. de St Lubin,
on ne pouvait s'y méprendre, c'était un garnement : capable de boire comme un Moine
fans compromettre fa raifon, il provoquait
nos Dames, qui n'ofaient lui défobéir : j'é-
tais un peu plus fur mes gardés. Il chanta:
Bacchus fut d'abord honoré dans quelques
madrigaux. Mais Vénus fut à fon tour bien
autrement célébrée. Une gaze fi déchirée
voilait les nombreufes poliffonneries qui
fe fuccéderent dans la bouche du profane
Abbé, que j'admirais le courage de ces Dames à l'entendre. Mais je fus enfin à qui
j'avais affaire quand Mlle Adélaïde qui, par
bonheur, chantait mieux qu'elle ne jouait du
piano-forté, fe mit de la partie & nous donna des ftrophes !... Celles-ci ne le cédaient
point, je vous jure, à celles de l'autre réper-
toire. Mad. de Folaife était enchantée & bu-
vait d'autant. ⸗ Avouez, Chevalier, qu'ils
font charmants ? me difait-elle, jouant en
même tems des pieds par-deffous la table....
Ah ! j'y penfe à propos, ma chere Adélaïde.
Chantez-nous ce couplet de l'autre jour....
où il y a... *qu'un homme eft fort... du regret...*
du plaifir... Vous entendrez cela, Chevalier...
Unique !... derriere un paravent... l'illufion
eft complette. ⸗ Je ne comprenais rien à ce
vrai galimathias, finon que Mad. de Folaife

pouvait avoir affez bu pour que fa tête n'y fût plus „.

„ Cependant Adélaïde, en fille aguérie, ne fe le fait pas dire deux fois. Elle paffe derriere le paravent; l'Abbé, d'un air folâtre, fe met en devoir de l'y fuivre. Elle a l'air de s'y oppofer : il infifte : on croirait qu'elle va fe fâcher. ══ *Allons, l'Abbé*, difait Mad. de Folaife; (en ce moment bien dupe) *point de folie : laiffez Adélaïde ; ne la contrariez pas.* ══ Pourquoi donc en même tems s'éclipfent-ils tous deux ! Prefqu'auffitôt on entend cette Demoifelle, tout-à-l'heure fi farouche, chanter avec une bien différente expreffion :

(*Monrofe chante.*)
Laiffe-moi goûter le délire
Où me jette un fi doux tranfport.
Souffre qu'un inftant je refpire :
Non... fufpends... Dieux ! qu'un homme eft fort !
　(*Plus tendrement.*)
Je ne fais ce que je defire :
Je veux... & ne veux pas mourir.
　(*Vif accent.*)
Ha !... c'en eft fait... je fens... j'expire,
Et de regret, & de plaifir... „
　(*Plus lent & coupé.*)
Et de... regret... & de... plai...fir.

Bravò, Chevalier ! dis-je en l'applaudiffant, je ne vous connaiffais pas à ce point la mé-

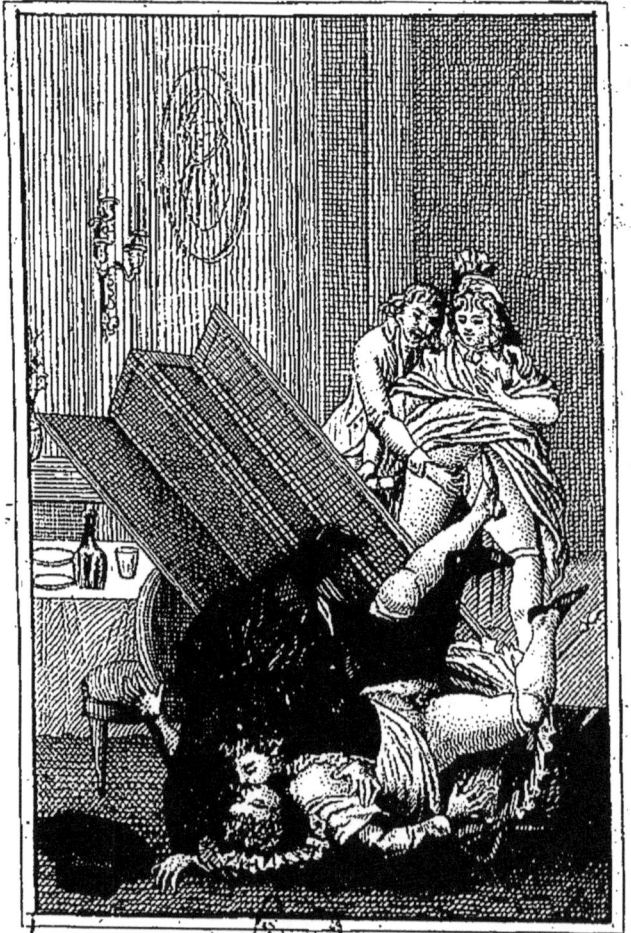

thode & le goût dont vous venez de faire
preuve.

,, Ma chere Félicia ? (continua le Muficien
d'un air modefte & gliffant fur mon éloge) il
eft bon de vous dire qu'auffitôt tête-à-tête
avec moi, vu l'invifibilité des deux autres
perfonnages, Mad. de Folaife avait eu la gaité
de paffer fur mes genoux, pour me donner
plus commodément des baifers de la plus
vive efpece... *Ah! c'en eft fait*, était un *bis*:
mais au mot *j'expire.........* Patatras (*).

    Avec un fort grand bruit voilà *le meuble* à bas.

— Quel meuble ? — Le paravent qui, venant de notre côté brifer une de fes feuilles
fur le doffier des fieges abandonnés, nous dé-
couvre Mlle Adélaïde renverfée avec fa chaife,
les jambes en l'air, & franchie par l'Abbé
qui venait de culbuter par deffus elle. M. de
St Lubin, dans la pofition heureufe d'un
amant qui mettait en action ce qu'on nous
avait chanté, s'était mal-adroitement écarté
de la perpendiculaire : de fes mains oppofées
pour fe retenir, il avait pouffé le paravent
qui, trop faible pour réfifter à la maffe de
deux perfonnes hors d'équilibre, venait de fe
renverfer avec elles. La Chanteufe, écartée

_____

(*) Parodie d'un paffage des Folies Amoureufes de
Regnard. Il y a dans l'original : *voilà l'efprit à bas.*

comme on conçoit qu'elle ne pouvait manquer de l'être, montrait en plein tout ce qui pouvait la compromettre, excepté son visage, dont la vraisemblable rougeur se trouvait heureusement voilée par le linge, fort déployé, de son indécent Accompagnateur „.

„ Quelque contrariant que devînt pour Mad. de Folaise elle-même cet étonnant coup de théâtre, qui la forçait à retirer ses mains d'un poste dont les vapeurs du vin pouvaient seules lui avoir donné la hardiesse de s'emparer; cette bonne Dame ne put s'empêcher & de rire de l'originalité du cas, & de courir aider son incontinente amie; cachant d'abord le mieux qu'elle put l'objet pécheur que nous montrait si bien Mlle Adélaïde, elle lui rendit encore le service de la relever, tandis que l'Abbé, pour ne pas ajouter à l'indécence du tableau, gagnait à quatre pattes le dessous de la table. Je devins utile à mon tour, en remettant sur pied le paravent invalide „.

„ ⹀ C'est pourtant un peu fort; (dit enfin, avec un faux sérieux, & s'adressant aux deux coupables, Mad. de Folaise, quand le dégât fut à-peu-près réparé!) des libertés de ce genre chez une femme de ma sorte! & lorsque j'y reçois mon Cousin! — M. le Chevalier? (dit pour toute justification l'Abbé, qui s'appercevait chez moi de certain désordre)

ire) vous avez fait apparemment quelqu'effort en vous occupant de nous : vous auriez
auffi befoin de vous rajufter. ═ Madame de
Folaife, après cette épigramme que fes douces
manieres m'avaient tout de bon méritée,
aurait eu mauvaife grace à jouer plus longtems la dignité. ═ Allons, Mademoifelle,
continua St Lubin, avec l'effronterie d'un fous-
Lieutenant, allons paffer l'éponge là-deffus,
& nous reviendrons faire, aux pieds de Madame, une humble amende-honorable. ═ A
ces mots, il difparaît avec Adélaïde riant
fous cape. Un moment après nous les re-
voyons, auffi fereins que s'il ne leur fût rien
arrivé „.

CHAPITRE XIII.

Triomphe de Nature, Jeuneffe & Santé.

C'est toujours Monrofe qui parle, ami Lecteur. „ ═ Minuit fonnait : l'Abbé favait que
Mad. de Folaife, qui fe piquait de beaucoup
d'ordre dans fa maifon, ne veillait pas plus
tard ; il fe mit donc en devoir de fortir après
m'avoir demandé très poliment la permiffion
de venir bientôt me faire vifite. Je voulais
auffi me retirer, & j'offrais même à l'Abbé

de le *jetter* à fa porte. = Non, non, Chevalier, (interrompit vivement Mad. de Folaife) vous refterez, s'il vous plaît, un moment de plus, ayant à caufer enfemble de nos affaires de famille. = St Lubin tira fa révérence : Adélaïde logeait dans la maifon : d'après ce qu'elle venait d'entendre, fon rôle était de nous laiffer feuls „.

„ Imaginez alors, ma chere Félicia, la femme la plus tendre, la plus enflammée, fe jettant dans mes bras & me dévorant de baifers : le marbre n'aurait pu, fans s'échauffer, recevoir d'auffi brulantes careffes.=Pardonne, difait-elle, mais enforcelée de toi, je m'efforcerais envain de paraître moins folle. Viens, bel Ange, (*en rougiffant* : il faut bien vous répéter fes mots) viens donner une nuit de parfait bonheur à celle que poignarderait ton refus... „ = Je vous connais, interrompis-je, Mad. de Folaife ne fera point poignardée : = Il fourit & continua :

„ Au bruit de la fonnette, paraît un grand pendard de laquais. „ — Ah ! parlez avec plus de révérence de Mons Milon, qui paffe pour être auffi beaucoup de la famille : allez. — „ Qu'on prépare (lui dit fa Maîtreffe) un lit à mon Coufin, dans le petit appartement... Je veux un demi-bain... Qu'on foit diligent... Life ? pour me déshabiller ?... Les gens de mon Coufin, pour prendre fes ordres ? = A l'air

vec lequel je vis le laquais se retirer ; à ce-
ui de la matoise femme-de-chambre, quand
lle entra, je compris que ma chance n'était
oint, pour ces gens-là, quelque chose de neuf,
& que plus d'un *cousin*, à ma maniere, avait
ans doute habité le petit appartement pour
a même aventure qui m'était destinée. Je
econnus plèinement la vérité de cette con-
ecture, lorsque dans mon nouveau domi-
cile, je trouvai tout le nécessaire de nuit pré-
senté par un intelligent *Grison*, qui mettait
de l'amour-propre à ce que, renvoyant mon
Monde avec la voiture, je voulusse bien agréer
son seul ministere ,,.

,, Il pouvait y avoir environ une demi-
heure que j'étais, sans lumiere, étendu dans
un lit, plus commode il est vrai pour veiller
agréablement que pour dormir, lorsque ma
porte venant à s'ouvrir, je vis paraître Silvina galamment coëffée de nuit, mais du reste
totalement nue. Elle tenait, d'une main, une
chemise ployée, & de l'autre, un bougeoir.
Son entrée m'avait offert la vue de toutes
ses beautés *de face*; le soin qu'elle eut de bien
fermer après elle, me mit également en confidence de toutes celles *de revers*. Tout cela,
je l'avoue, me parut étrangement conservé,
& produisit sur mon ardente imagination,
l'heureux effet qu'on devait s'être promis de ce
rafinement de coquetterie. A l'instant les flam-

beaux, les bras, les girandoles, tout eſt
éclairé. Moins ſûre du pouvoir de ſes charmes, Mad. de Folaiſe les aurait-elle expoſés
au danger d'une ſi grande lumiere ,,.

,, Elle vient enfin à moi, brulante & légerement colorée, de la tête aux pieds, du
vif incarnat de la lubricité touchant au moment du plaiſir. = Monroſe? dit-elle, je
n'ai pas voulu te vendre chat en poche. Je
me connais, & ſais trop bien que d'après mon
pauvre viſage, un peu diſgracié, l'on pourrait ſuppoſer que le reſte n'eſt pas plus digne
de l'attention de ton ſexe; mais, vois, touche, mon amour.. = Je voyais, touchais
& baiſais même avec un apétit inexprimable.
Au plus léger mouvement qui l'aſſure que je
vais répondre de toute mon ame à l'ardeur
de ſon deſir, elle s'élance ſur le lit avec la
vivacité de la plus agile danſeuſe de l'Opéra,
m'étreint, m'enlace, frémit d'une tendre fureur, & me fait partager les ſublimes délices d'un moment qu'avait ſi bien préparé
pour tous deux la magie combinée de l'illu-
ſion, du vin & de l'amour ,,.

— Je ne voulus pas laiſſer remarquer au
fripon certaine émotion que me faiſait éprouver la chaleur de cette ſcene : il était très-capable de paſſer, ſans dire gare, du récit à
l'action : je me hâtai donc de lui dire, affec-
tant un peu de perſiflage : = ſi je vous de-

mandais, Monfieur, combien de fois vous
vous prêtâtes à tempérer les fougueufes ar-
eurs de Mad. la Baronne, vous feriez le mo-
efte & n'oferiez vous vanter de la vérité ?
e fuppofe donc que, pour peu qu'il y eût
e l'amour-propre fur jeu, vous voulûtes
ien en ufer avec elle à-peu-près comme vous
aviez fait avec moi ? — Vous permettiez :
épondit-il, elle exigeait : trouvez donc bon
que, cette fois-ci, les bornes fe foient un
eu plus étendues. — L'extravagant! inter-
ompis-je, tout de bon courroucée de voir
qu'un être de cette perfection avait pu devenir la dupe d'une femme de trente-huit ans.
Furieufe fur-tout contre cette Silvina, qui
ne femblait être bien criminelle de mettre
de la forte un trop complaifant jeune homme
à des épreuves capables de l'abymer. Et combien donc, malheureux? (lui demandai-je
avec humeur.) — Neuf fois complettes je
lui prouvai la haute opinion que j'avais de
fa beauté. — Neuf fois, m'écriai-je; ne fau-
drait-il pas profcrire de la terre des vampi-
res de cette inhumanité! Pourfuivez : — Je
vais donc augmenter votre humeur & m'at-
tirer de nouvelles invectives „.

CHAPITRE XIV.

Il avait le Diable au corps.

„ Huit heures sonnaient , dit - il , & nous étions encore au lit , quand Mad. de Folaise , soit excès de catinisme , d'amour-propre ou d'amitié , fit prier Mlle Adélaïde de descendre auprès de nous. Pendant qu'on faisait ce message , Silvina qui m'en voyait fort étonné , trouva bon de m'expliquer ainsi son idée. == Ne m'en veux pas , mon cher Monrose , d'un acte de vanité que semble me reprocher ta surprise. Elle cessera quand je t'aurai dit qu'Adélaïde , dont tu ne peux présumer le prodigieux mérite , est une autre moi-même. C'est un homme essentiel sous l'apparence d'une femme pourvue de mille agrémens. Nous nous aimons à la folie : j'ai le bonheur de lui être fort utile par les avantages que la Fortune me donne sur elle , très-injustement accablée de ses coups ; mais elle m'est plus utile mille fois , par ses soins sans prix , par son attachement à toute épreuve , & par la désirable perfection de sa beauté... ==

„ *Sa beauté*! je n'avais vu que des traits d'un agrément ordinaire. La taille était à la

érité diftinguée, mais la peau me femblait
un peu plus brune que de raifon... Pendant
que je me retraçais ces détails, Mlle Adélaïde fe montre à peine vêtue, jambes nues,
&, pour ainfi dire, *prête à tout événement.*
Croyez-vous qu'elle va paraître interdite de
voir un homme aux côtés de fon amie? qu'elle
va rougir de l'idée dont un tête-à-tête auffi
défini ne peut manquer d'effaroucher la pudeur d'une Demoifelle? Point du tout : d'un
pas délibéré, ce féminin Efprit-fort s'avance
vers le lit : ═ Viens, viens, mon incomparable (dit, en lui tendant amoureufement
les bras, Mad. de Folaife, qui femble retrouver dans le charme de cette vifite tous les
feux que je croyais avoir amortis.) Viens
admirer le tréfor que poffede ton Amie, &
prendre quelqu'idée de la perfection poffible
d'un Mortel. ═ „

„ Cette belle tirade n'était point encore
achevée, que déjà toute ma perfonne était à
découvert. Heureufement certain objet, va-
riable de fa nature, fe trouvait encore dans
un état qui ne prêtait nullement à l'épigram-
me C'eft le premier fur lequel l'imperturable Adélaïde jette un regard connaiffeur &
fixe. De là, fes yeux fe promenent par-tout
avec curiofité. Mad. de Folaife vante la douceur de ma peau : l'amie touche tout ce qu'on
lui défigne &, d'elle-même, pour le coup,

elle a l'effronté courage de faifir... ce dont
pour approcher, une femme ordinaire attend
du moins qu'on l'en ait un peu preffée... Je
rougirai toute ma vie de ce que je vais vous
dire, ma chere Comteffe, mais l'exceffive dé-
vergonderie d'Adélaïde, au lieu de me gla-
cer pour cette impudente créature, m'en-
flamme au contraire & me livre foudain à la
plus capricieufe tentation. === Parbleu, Mademoifelle, lui dis-je avec une galante affectation d'humeur, il y aurait, ce me femble, un moyen plus flatteur pour moi d'in-
terroger ce dont vous me faites la faveur de
vous occuper. — Ah! que c'est bien dit, s'é-
crie auffitôt Silvina fe hâtant de faire une
grande place. Il faut, Chevalier, qu'elle y
paffe pour lui apprendre à ne pas douter une
autre fois du fimple témoignage de la vue.
Hape-moi là : bien : point de grace : — On
le veut donc tout de bon? (repart l'aguérie
libertine) Eh bien me voici : === En même
tems tombe à fes pieds le peu de bazin & de
toile qui la couvrait : elle s'élance dans l'a-
rêne & fe mettant favamment en garde, l'intrépide championne me fait voir *à qui parler*.

Madame de Folaife n'avait pas tout-à-fait
tort. Le corps d'Adélaïde était un vrai chef-
d'œuvre. Ce brun embonpoint, par fon élaf-
tique fermeté, me prouvait pour le coup,
qu'il manquait du moins cette perfection à

la blanche mais demi-flafque Baronne. Mon
deftin, dans cette aventure, était de marcher
de furprife en furprife. J'eus celle de trouver, fous une épaiffe décoration, qui n'était
pas nouvelle à mes yeux, vu la culbute de la
veille, un fi charmant & fi rare obftacle à
la fougue de mes defirs, que je commençai
tout de bon à me fentir très-reconnaiffant
envers Silvina, pour le cadeau qu'elle me
faifait & dont, en effet, j'avais été bien loin
de deviner tout le prix. Quelle fublime joû-
reufe que cette Adélaïde! quelle vivacité!
quelle chaleur! quelle rage de plaifir!... „

Et Mad. de Folaile, interrompis-je, comment prenait-elle la chofe? car, entre nous:
la chere Dame eft connue pour être un peu
jaloufe. Je gage que, malgré fon invitation,
elle eût trouvé très bon que vous n'euffiez
point *eu* la trop obéiffante Adélaïde? — Vous
êtes dans l'erreur, ma chere Comteffe : Silvine, ou corrigée avec le tems, ou peut-être
moins délicate qu'autrefois, loin de montrer
de la jaloufie, femblait au contraire jouir de
notre bonheur : elle donnait fon attention
aux moindres détails, nous careffait des mots
les plus charmans, avait l'œil & la main par
tout; s'occupait en même tems un peu d'elle-
même, & paraiffait heureufe autant que
nous. „

„ Comme en dépit d'une nuit affez labo-

rieuſe, mon début avec la ſavoureuſe Adélaïde avait été bref à proportion de ſa vivacité, je crus devoir donner à cette connaiſ-
ſeuſe une meilleure opinion de mes moyens :
Silvine me paraiſſait femme à tout pardonner : après quelques minutes de repos, (qui
ne l'avaient été que pour moi, car ces Dames
s'étaient amuſées à me donner une ſcene
de tendreſſe mutuelle, d'un genre dont je n'a-
vais aucune idée alors) je riſquai, dis-je,
de reprendre Mlle Adélaïde, & lui prouvai, plus agréablement encore pour elle-même, que faire vîte, en pareil cas, ne ſignifie
pas toujours, comme certaines gens le ſup-
poſent, le défaut de moyens de faire autrement. „

Un déjeûner canonial, dont j'avais grand
beſoin, ſuivit ces ébats, après quoi, l'on me
laiſſa libre. Ces Dames avaient exigé de moi
deux choſes ; l'une, que je ſerais diſcret, ſur-
tout à cauſe d'Adélaïde que la Baronne était
en train de marier avec l'aimable Préſident
dont j'ai parlé ; l'autre, que je viendrais bientôt recommencer, ſi le cœur m'en diſait, nos
laſcives extravagances. A l'égard de la diſcré-
tion, la parole que je donnai fut ſincere :
quant au prompt retour, je mis, je vous
l'avoue, plus de civilité que de franchiſe à
les en aſſurer.

Rentré chez moi, je délibérais ſi je me

mettrais au lit pour quelques heures, ou fi
je refterais debout; mais on m'annonça la
vifite de l'Abbé. Pour lors, le befoin de dormir fit place à celui d'étudier cet agréable original, & de m'inftruire, par lui, de ce qui
pouvait me faire mieux connaître Mad. de
Folaife, Adélaïde & leur fémi-bourgeoife fociété.,,

CHAPITRE XV.

*Médifances de l'Abbé, toujours contées par
Monrofe.*

,, APRÈS les civilités d'ufage entre perfonnes de très-nouvelle connaiffance, le premier texte de St Lubin fut *les excufes qu'il
croyait me devoir* pour ce qui s'était paffé
la veille derriere le paravent. = Dans un fens,
dit-il, ce petit fcandale m'a fait de la peine,
car il vous a donné, de la chere Adélaïde,
une affez mauvaife opinion? D'un autre côté
pourtant, je n'ai pas été fâché que cette fcene
gaillarde (à laquelle vous-faifiez bien un *pendant* avec la Baronne?) abrégeât entre vous
& moi le cérémonial, & nous apprît mutuel-
lement que nous fommes fujets aux mêmes
faibleffes. (Je fouriais.) — Vous ne favez pas,

continua-t-il, dans quel guêpier vous êtes tombé!.. = „

„ je fus enchanté de le voir entamer ainſi de lui-même le ſujet ſur lequel je m'étais juſtement propoſé de le pouſſer. = Pour peu que vous ſoyiez enclin, Chevalier, à répondre aux avances des femmes, vous ne ſortirez pas comme vous voudrez des pattes de Meſdames de Folaiſe, de Mont-chaud, de Briſamant, de Vauxcreux, &c. &c. ſolidaires aſſociées, qui ſont dans l'uſage de ſe paſſer de main en main les hommes tombés dans l'un ou l'autre filet. Ce ſont au fond d'excellentes femmes, à qui l'habitude de s'ébattre ne laiſſe pas un moment pour les méchancetés. Une qualité ſur-tout (mais qui doit être de peu de conſidération pour vous, riche, dit-on) c'eſt qu'elles ont l'admirable, & de nos jours trop rare uſage, de payer leurs galants. Quant à moi, poſſeſſeur pour tout bien, d'un chétif Prieuré, j'avoue que je priſe fort cet utile ſtatut de leur lubrique confrérie, & que, tout comme un autre, je mets, au beſoin, les bonnes ſœurs à contribution... Que la corvée ſerait douce, ſi toutes reſſemblaient à votre délectable *Couſine!* Elle eſt ſans contredit la plus belle, donne le plus de plaiſir, & paye le mieux! C'eſt, malheureuſement pour moi, celle pour qui j'ai le moins à faire. — C'eſt apparemment Mlle Adélaïde qui...

— Bonté de Dieu! qu'allez-vous foupçonner!
Vous feriez peut-être affez bon pour imaginer qu'il y aurait entre cette Demoifelle &
moi quelque liaifon de cœur?—Qui ne le
croirait!—Daignez m'entendre.,,

,, Vous infpirez tant de confiance, Monfieur le Chevalier, & d'ailleurs vous avez
déjà vu quelque chofe de fi pofitif, qu'il ferait bien inutile d'exalter devant vous l'être
bifarre avec lequel je m'abattis hier. Sachez
donc, Monfieur, ce qu'eft Adélaïde. Bien
née, bien élevée, mais pauvre comme un rat,
elle fut recueillie par des Bigottes qui l'ont
placée pour fon édification, comme demoifelle de compagnie chez la Baronne, je
ne fais comment en demi-odeur de dévotion;
Adélaïde, pourtant, *vit* avec fa bienfaitrice à la maniere de ces tems de caprice
& de corruption, du refte elle eft bien, par
le cœur, la plus infenfible créature qu'il y
ait au monde. Egalement incapable & d'a-
mour & d'amitié; de même fans ambition;
au furplus affez défintéreffée; Adélaïde, pourvu qu'elle vive au jour le jour, & que fon
inimaginable tempérament trouve une fu-
rabondante pâture, fe foucie peu avec
quelle gens elle foit en liaifon, quel féjour
elle habite, quels hommes, quelles femmes
faffent les frais de fes impurs amufemens.
Mad. de Folaife, au cœur tendre & généreux,

aux fens doucement effrénés ; d'une candeur
incurable, que maintient chez elle un efprit
borné, peu pénétrant, incapable d'obferver
& de réfléchir ; Mad. de Folaife eft ivre d'A-
délaïde, dont, à leur commerce intime près,
elle eft complettement la dupe. Elle voudrait
marier cette fille avec ce Robin-*mirliflor*,
d'hier, qui me fit l'honneur de fuir à mon
approche. Le Préfident Blandin eft riche, vain,
faux bel-efprit, infatué de fa figure fade &
guindée, orgueilleux d'une charge de moyen
ordre, mais qui l'éleve infiniment, vu la
baffeffe publique de fon origine ; au furplus,
bouffi de fes petits talens, & divinifé dans
quelques cercles dénués de lumieres & de
goût. Adélaïde n'aurait fans contredit rien
de mieux à faire que d'empaumer cet épou-
feur, beaucoup trop bon pour elle. On ne
lui demande que de dire une feule fois au
Préfident, *je vous aime* : préfomptueux & ba-
daud, comme il l'eft, c'en ferait affez pour
qu'il conduisît le lendemain fa Nymphe au
pied de l'autel... Point du tout, cette rude
Philofophe, qui fait s'accommoder auffi bien,
pour fes plaifirs, d'un malotru que du plus
galant homme, n'a pas l'inftinct d'ufer du
plus fimple artifice pour faire fortune par un
fot, d'ailleurs eftimable, & qui vaut mille
de ceux qu'elle a facrifiés ! Par fa faute, le
Préfident eft jaloux : cet homme eft fentimen-

tal; Adélaïde, impudente : il la croit fage,
mais coquette : il fuppofe (excepté lui) tout
le monde aimé d'Adélaïde : elle *a* tout le
monde, & bien fûrement elle n'aime qui que
ce foit. ═

CHAPITRE XVI.

*Suite des portraits. Véritable objet de la
vifite.*

,, O ma chere Félicia, pourfuivit mon conteur, comme tout cela m'humiliait ! quelles
fieffées Catins avaient fait, la veille, mon
bonheur fuprême ! ═ Et qui eft-ce (demandai-je à St Lubin), que cette groffe Dame ?
═ La veuve, autant vaut, d'un payeur des
rentes agonifant (répondit l'Abbé) Mad. Popinel, avec qui, par parenthèfe, nous efpé-
rons bien de vous marier le lendemain de
l'enterrement. — Me marier, moi ? — fans
doute on favait que vous étiez de retour
d'outre-mer depuis une femaine : tout ce qui
vous concernait, dès avant vôtre départ pour
l'Amérique, avait été conté comme un Roman ; écoutez : vous étiez *délicat* alors, mais
vous *promettiez* : vous deviez *avoir acquis*
pendant votre abfence, &, fi le métier de la

guerre ne vous avait pas *méfait*, vous deviez
être un charmant Cavalier. — Pourquoi ne
vous voyait-on point? —Parce que probablement l'ancienne *concurrence* & la jalousie de
certaine *Comtesse*... „

== Ah! me voici! interrompis-je, ainsi
je me trouvais honorée, bien à mon insçu,
d'un personnage dans les entretiens de société de Mesdames de Folaise & de Popinel!
Voyons.

== „ St Lubin ajouta que cette Comtesse
(sans vous nommer) m'avait *subitò* conduit
à la campagne : me *chambreit*, en un mot,
afin que du moins cette fois aucune autre
femme ne me fît la premiere impression. „
— Fort bien!

„ D'après ces détails, ma chere Félicia,
je ne pouvais douter que la commere Silvine
n'eût beaucoup babillé, & ne m'eût mis dans
le cas de paraître au milieu de son cercle,
comme une espece d'animal curieux : j'avais
peine à contraindre extérieurement l'humeur
que me donnaient d'aussi déplaisantes confidences. „

„ Ainsi (demandai-je sérieusement à St
Lubin) on songe à me faire épouser la
Dame Popinel? — Certainement : vous n'aurez pas du neuf, du joli, mais c'est une suc-
culente maman, malgré sa quarantaine ; d'ailleurs la meilleure diablesse du monde, & qui
donnerait

donnerait jusqu'à sa derniere che mise pour reconnaître un bon procédé. Ce qu'il y a d'essentiel à citer en sa faveur, c'est qu'elle va se trouver légataire universelle de six cents mille livres, en vertu d'une bonne donation entre-vifs, bien légale. Il y a, je crois, peu de jeunes Colonels à qui ce renfort de finance ne parût digne de quelqu'attention. — Et les hommes d'hier ? — Le sourd est un ancien enthousiaste de musique française, qui, pendant un demi-siecle n'a pas manqué un opéra, ni un concert spirituel, ni une messe à grand orchestre : aussi est-il ce que vous l'avez vu. — Les Ecclésiastiques ? — Des locataires du troisieme de l'hôtel, garniture de la table, le jour des douze couverts. — Les Militaires ? — Le boiteux, est un Cicisbé de Mad. la payeuse des rentes : il a payé, lui, tant qu'il a pu les *arrérages*; la bonne Dame l'entretient maintenant *pro Deo*. L'autre est un gazettier parasite, qui pourrait bien être, à petit bruit, un espion public. — Le Cordelier ? — Un Cordelier à table, au lit ; la piece de bœuf de la Baronne & de son amie. Sa révérence jouit chez ces Dames des grandes & petites entrées, à titre de Confesseur. „

Je ne pus m'empêcher d'interrompre ici Monrose, & de m'écrier. „ *Ainsi, toujours la même l ma pauvre Silvina !*

„ Ma curiosité pleinement satisfaite, (c'est

Premiere partie. E

Monrose qui continue) j'aurais bien defiré
que St Lubin me laiffât feul; mais il avait,
pour fon compte, un autre chapitre à traiter, & ce n'était pas fans un propre intérêt
qu'il avait mis tant d'empreffement à me faire
vifite. „

== Vous voilà bien au fait, Monfieur,
(dit-il en approchant avec un peu plus de
familiarité fon fiege du mien) mais ne me
compromettez pas. == Pourquoi, pourriez-
vous me dire, un inconnu s'eft-il mis de la
forte en fraix d'éclairciffemens qu'on ne lui
demandait point? — Je vous répondrais,
Chevalier, que je me fuis fenti foudain pour
vous un... je ne fais quoi de favorable, *d'at-*
tirant, qui ne m'a pas permis de vous laiffer
en danger d'effuyer des difgraces inévitables
pour vous, à moins du *fil* tutélaire que je
viens de vous donner, & qui vous guidera
fûrement à travers *le dédale de catinifme* où
nous avons fait connaiffance. *Ayez* Mad. de
Folaife, ou pour dire mieux, (*il fouriait*)
caufez quelquefois enfemble de vos *intérêts*
de famille : fort bien, mais tâchez de lui être
affez précieux pour qu'elle ne foit pas tentée
de vous mettre en circulation, autrement
vous tombez dans un abyme. Adélaïde?...
vous *l'aurez* quand vous voudrez, (*) chez

_____

(*) L'Abbé ne favait pas que c'était déjà *chofe*
faite : il eft d'ailleurs très - obligeant.

son amie, chez vous, *chez moi*. Si jamais vous
vous trouvez seul avec elle, donnez-vous-là,
sans dire gare, comme on prend une prise de
tabac dans la premiere boëte qui peut s'ouvrir; mais point d'arrangement avec elle;
vous seriez *au blanc* au bout de huit jours;
elle ne vous en aimerait pas davantage...
Parlons maintenant à cœur ouvert. Cette obs-
cure société n'est, nullement votre fait, mon
cher; votre âge, votre état, ce que vous
êtes en un mot, vous appelle à des succès
d'une toute autre importance... Eh bien,
Chevalier, c'est à moi que vous les devrez:
c'est moi qui veux vous mettre à votre véritable place. Touchez-là. (Je ne revenais pas
de mon étonnement.) Voulez-vous vous trouver demain aux Italiens, aux secondes loges
n°. 4., côté du Roi ? — Demain... je ne pourrai pas. (J'aurais pu cependant.) — Après
demain donc? — A la bonne heure. — Eh
bien, au même spectacle, même rang, mais
de l'autre côté, n°. 7, vous me verrez; il
y aura pour vous une place gardée. — Puis-
je savoir?... — Ne vous embarrassez pas du
reste... Que St Lubin soit le plus fieffé ma-
raud de Paris si vous ne faites pas à ce spectacle des connaissances délicieuses, dont vous
m'aurez d'éternelles obligations. (*Il se leve.*)
Après-demain? — Je serai exact. — Prenez
note, de peur d'oublier : Italiens : secondes :

côté de la Reine : n°. 7. — Cela eſt entendu. — Serviteur. „

CHAPITRE XVII.

Services récompenſés. Matinées de Silvina.

„ Débarrassé de l'Abbé (continua mon
Neveu) je ſortis pour quelques emplettes.
D'anciens Camarades de la Maiſon du Roi,
qui ſe trouvaient au petit Dunkerke (*),
m'emmenerent... — Chez des Filles ? interrompis-je. — Point du tout, chere Comteſſe.
A la Rapée, où nous mangeâmes une *mate-
lotte ;* enſuite aux boulevards, d'où, après un
petit ſpectacle, nous vînmes faire au Palais-
Royal un ſouper totalement maſculin. Vous
chercheriez vainement à mordre, car à minuit
j'étais de retour. — A la bonne heure : pour-
ſuivez.

„ Pendant qu'on arrangeait mes cheveux,
votre cocher monta. ⸗ Monſieur, me dit-il,
voudra bien ſans doute, avant de ſe coucher,

(*) Magaſin de marchandiſes anglaiſes, fameux à
Paris, avant d'être éclipſé par celui de l'illuſtre
ſickes.

venir voir les chevaux qu'on a conduits ici
pour lui ? — Des chevaux pour moi ! que voulez-vous dire ? — Les chevaux que M. le
Chevalier a fait acheter chez Roffmann, &
que cet homme a pris la peine, lui-même,
d'amener ici. — Quel conte me faites-vous
là ? — Je ne fais fi c'eft un conte, mais je
fais fort bien que j'ai dans mon écurie deux
jolis chevaux pour M. de Kerlandec, & que
j'en ai donné mon reçu. —A la bonne heure :
mais comme je meurs de fommeil, & qu'on
verra probablement demain que les chevaux
ne font nullement pour moi,... — Tant pis,
Monfieur, car ils font charmans, jeunes, &
je crois, excellens, quoique la réputation du
Maquignon ne fleure pas comme baume. —
Je ne defcendrai pas : bon foir. ═

Cependant ces chevaux donnaient la tâ-
blature à mon efprit. Je penfai d'abord que
ce pouvait être une galanterie de votre part.
═ Mais, (me difais-je auffitôt) à quoi bon
Félicia me donnerait-elle, en propriété, des
chevaux, quand elle me permet de difpofer
de tous ceux qu'elle a ! Cependant je fuis
peut-être le feul au monde qui fe nomme
de Kerlandec... & je ne connais encore prefque perfonne à Paris... ═ Un fommeil bien
néceffaire mit fin à mes calculs. ,,

,, Ce mal-entendu de chevaux n'aurait
pourtant point eu lieu fi le Suiffe (qui ne

m'avait pas vu rentrer, parce que j'avais paſſé par derriere avec ma clef) s'était du moins ſouvenu de remettre à le Brun (*) un billet apporté pour moi vers le ſoir. C'était de Mad. de Folaiſe, qui, très galamment me priait ,, *d'agréer des chevaux que je lui ferais plaiſir de ruiner bien vite à venir, plutôt deux fois par jour qu'une, lui prouver mon atta-chement & recevoir les tendres proteſtations du ſien.* ,, Une bague de cheveux blonds en jar-retiere parfaitement tiſſue, liſerée de cheveux noirs, (que je ne pouvais méconnaître pour être du cru d'Adélaïde) était auſſi, mais ſans aucun avis, dans un coin du papier. Je ne pus m'empêcher de rire de l'idée que cette bague, néceſſairement préparée d'avance, était peut-être la *décoration* d'une eſpece d'or-dre, dont l'uſage de ces Dames ſerait d'ho-norer leurs communs Chevaliers. Une carte à part m'invitait cérémoniellement à venir paſſer la ſoirée du ſurlendemain, du jour pré-ciſément où j'avais promis à St Lubin de le joindre à la Comédie Italienne. ,,

,, Comment faire! à qui donner la préfé-rence ? J'héſitai longtems : là, j'ai promis ; un deſir curieux me preſſe : ici, je dois de la reconnaiſſance... Refuſer les chevaux ?...

_____

(*) Valet-de-chambre de Monroſe.

Il n'eût pas fallu les recevoir. Les renvoyer ? Ce ferait fe brouiller... avec Mad. de Folaife ? Mon cœur y répugnait trop : avec Adélaïde ? ce m'eût été parfaitement égal. „

„ Enfin je me décidai ; avant l'heure où l'on vous fait *jour*, ma chere Comteffe, je fis atteler les chevaux de préfent, très-jolis en effet, & qui me tranfporterent leftement chez la généreufe Baronne. Elle ne comptait affurément pas fur moi fi matin. Il était onze heures à peine. „

Il me convint d'attendre quelques minutes au falon. Pour lors, la Dame parut, mais dans un négligé de *faut-du lit* très-chiffonné, les cheveux en défordre, enluminée, palpitante... ⹀ Vous voyez, dit-elle, comme l'impatience de voir tout ce que j'aime, me fait facrifier le petit intérêt de mon amour-propre ? ⹀ Par malheur la porte qu'elle avait cru fermer avait fait réfiftance : je pus voir très diftinctement, dans une glace, le noir mannequin & la rubiconde face du Révérend Pere Confeffeur, pliant boutique. La porte ne fe refermait point : mais Silvina, bien éloignée de foupçonner que j'euffe pu rien voir dans l'autre piece, demeurait tout-à-fait à fon aife avec moi ; bientôt elle fe mit à me traiter fi bien que je tremblais qu'il ne lui prît envie de commencer tout de fuite à me faire payer l'intérêt des chevaux. L'idée du

Frappart, qui venait inconteftablement d'en
découdre avec elle, me donnait, pour la
continuation de cette befogne, une fi gla-
çante répugnance, que l'effet eût fans doute
été quelqu'humiliant fymptôme d'ingratitude.
Mais j'en fus quitte pour la peur. Silvine,
jettant enfin un regard fur cette porte qui
continuait de bailler, rougit & balbutia, me
demandant la permiffion de retourner fans
façons *à fes affaires.* ═ Cependant, dit-elle
très-bas, montez chez Adélaïde : vous ne
pouvez vous en difpenfer. Elle fait tant de
cas de vous, qu'hier elle fe défolait de ce que
peut-être vous alliez conferver d'elle l'idée
d'une fille. ═ (J'eus bien de la peine à ne pas
éclater de rire.) Allez, mon fils, dit-elle plus
haut : furprenez agréablement Adélaïde : on
eft à la coëffer... ═ (Cette circonftance feule
pouvait m'y décider.) C'eft la première porte
à droite, au fecond. ═

CHAPITRE XVIII.

Monrose n'en est pas quitte.

,, Je monte lestement : prêt à frapper, j'entends en dedans une conversation familiere.
Un homme était derriere la porte & riait ;
Adélaïde, dont la voix grave & sonore ne
pouvait être méconnue, disait gaiement :
═ Pour aujourd'hui, passe : mais songe à
faire mieux demain. ═ La porte s'ouvre : un
fort joli Coëffeur excessivement étonné de
me trouver là, face à face, salue, me laisse
passer, s'esquive & referme, tandis qu'Adélaïde, tournant le dos & s'enfonçant chez
elle chante en sautillant, *pour une fois,*
s'n'est pas la peine, pour une fois... ═ Mes
pas l'avisent enfin; elle se retourne alors,
cette créature au front d'airain accourt à moi,
me jette les bras, & m'entraîne sans mot
dire jusqu'au fond de son boudoir. Ainsi le
chat happe à l'improviste une imprudente
souris, qui paraît, pour son malheur, à portée de la griffe meurtriere.

O disgrace ! un frac bleu-Dauphin délicieux, dont je donnais l'étrenne à cette fatale visite, est en deux minutes totalement

déshonoré : excepté la feule porte du carré,
fermée, toutes les autres font ouvertes. N'im-
porte : je fuis embraffé, furmonté, preffé,
dévoré, pillé. Ce que j'avais éludé là-bas,
ici devient inévitable; fauvé de Caribde, il
faut, pauvre Diable, que je tombe dans
Sylla; mais à la lettre, ma chere Comteffe,
car cette même Adélaïde qui, la veille, fans
fa réfignation prématurée, aurait pu fe donner pour une vierge, eft aujourd'hui... Dieux!
quel abîme ! „

— Que vous méritiez bien tout ce qui
vous eft arrivé, dis-je en éclatant de rire,
Tombe t-on auffi, le matin, chez une Folaife,
chez une Adélaïde, fans les avoir fait pré-
venir ! Le jour de votre premiere vifite elles
fe trouvaient fous les armes, parce que vous
étiez attendu. La Baronne, dès qu'elle avait
appris votre retour, s'était baignée, frottée,
rafraîchie au-dedans, & recrépie au-dehors
de la tête aux pieds; Mlle Adélaïde, en fa
qualité de célibataire, s'était aidée de tout
ce qui fert à tromper un faux connaiffeur :
vous avez été complettement la dupe de leurs
artificieux apprêts. Mais aujourd'hui, vous
revenez, tout jufte pendant que Silvine eft
dans les bras de fon Confeffeur ! N'ayez
peur qu'elle vous provoque tout de bon à
des ébats, qui peut-être ne l'indemniferaient
point de ce qu'elle perdrait ailleurs : car,

(foit dit fans vous défobliger) s'il eft vrai
que vous n'êtes pas un homme ordinaire, il
ne l'eft pas moins qu'un Grisbourdon eft
bien quelque chofe d'extraordinaire auffi.
Mais vous montez chez une Adélaïde, tout
jufte encore comme elle eft mécontente du
faible fervice de fon Coëffeur ! ce qui rend
ici la fituation totalement différente. D'abord,
elle ne vous veut apparemment pas affez de
bien, & n'a pas avec vous affez d'amour-
propre pour qu'elle defire d'entretenir votre
illufion. La premiere fois vous étiez *nouveau*.
L'on favait très-bien qu'on ferait appeilée,
qu'on vous *aurait*. On vous a donc fervi *le
petit plat de façons*. C'était *pour vous* alors,
maintenant c'eft uniquement *pour foi* qu'on
vous *a*. Le Coëffeur n'avait fait qu'émouftil-
ler : vous arrivez tout-à-fait à propos pour
terminer folidement ce dont le poliçon n'a-
vait fait qu'une imparfaite ébauche : tout
cela, mon cher, eft dans l'ordre. ==

,, Vous devinez les chofes, repliqua-t-il,
précifément comme elles fe font paffées, &
comme j'ai été moi-même forcé de me les dé-
finir; mais ce que vous n'auriez cependant
pas prévu, c'eft que Mad. de Folaife, je ne
fais comment ravifée, & venue à pas de loup
par un petit efcalier intérieur, nous furprend,
trouve fa Luronne d'amie trottant grand train
à l'anglaife fur moi, m'excitant à partager fa

lubrique fureur, & s'évertuant à convertir mon
pauvre frac en cafaque de garçon-perruquier.
Mais, grands Dieux ! que j'eus bien d'autres
fouillures à déplorer quand cette pofte fut
courue! un accident féminin s'était déclaré
pendant la fête. J'en avais partout : il plai-
fait à ces dévergondées de rire de ce dont
j'étais furieux. „

„ Il n'y avait pas moyen de quitter cette
maifon, à moins d'être r'habillé. Je fis courir quelqu'un à l'hôtel afin de m'amener le
Brun, avec tout ce qu'il faudrait pour changer des pieds à la tête. Cependant Mlle Adélaïde, pour me prouver qu'elle ne m'avait
pas oublié depuis notre premiere paffade, me
fit cadeau de deux pieces de ruban pour mes
croix. „

„ L'heure du dîner était arrivée avant que
mon défordre fût entiérement réparé. Ces
Dames me perfécutaient pour que je fiffe le
quatrieme, à table, avec mon collegue, le
Révérendiffime Cordelier. Vous connaiffez
Mad. de Folaife, & favez qu'un très-long féjour
à Paris n'a pu la corriger de fa provinciale im-
portunité ? Je reftai donc : une chere de dé-
vote & d'excellens vins me confolerent de
mon immonde bonne fortune. Vers cinq
heures il vint de la fociété. Je profitai de la
conjoncture pour m'évader après avoir fait
agréer, non fans beaucoup de peine, mes

excuſes de ne pouvoir figurer le lendemain à l'affemblée où l'on m'avait fait l'honneur de m'inviter. ⸺ Je ne ſais pas., me diſais-je en m'en allant, ce que pourront me coûter les chevaux : mais, parbleu, je me crois déjà plus que quitte avec Mlle Adélaïde, pour ſes largeſſes. ⸺

CHAPITRE XIX.

Qui peint l'impatience, & pourra la cauſer.

Vous allez, ma chere Comteſſe, rire ſur nouveaux frais à mes dépens, quand vous ſaurez que je faiſais aſſez de fond ſur ce que m'avait promis St Lubin pour que je regrettaſſe tout de bon d'avoir, ſans motif, reculé de tout un jour notre partie de ſpectacle. Le matin, que d'ennui ! l'après-midi, quel déſœuvrement ! le lendemain, plûtôt éveillé qu'à l'ordinaire, quel effroi de la durée du jour ! quelle humeur ! quelle impatience !

Sans penſer à tout le ridicule qu'il y aurait à me préſenter, peut-être le premier, pour me faire ouvrir une loge dont je ne connaiſfais que le numéro, cinq heures ſonnant à peine je partis de chez moi, me perſuadant,

bien plutôt que j'étais en retard, & pouvais
avoir perdu quelques inftans d'une foirée
précieufe.

L'Abbé, qui logeait à quatre pas de la falle
des Italiens, me vit de fon entrefol, parut à
la porte avant que mes informations fuffent
achevées, & vint me dire qu'il n'était pas
tems encore que je defcendiffe de voiture.
═ Au furplus vous êtes exact, obferva t-il,
fouriant avec épigramme ; mais modérez cette
impatience, mon cher Chevalier. Nous ne
verrons pas nos Dames de fitôt. ── Comment!
répartis - je avec trouble ; ferait - il furvenu
quelqu'obftacle? ── Non, non : calmez-vous.
Leur ufage eft de n'arriver que vers le milieu
de la premiere piece ; jamais elle ne voyent
finir la derniere. On aurait grandement le
tems de faire un tour de boulevard. ═ J'eus
vraifemblablement l'air de goûter peu cette
propofition, puifqu'auffitôt, fe ravifant,
l'Abbé reprit, avec encore plus d'efpiégle-
rie..═Pourtant non : je crois que nous ferons
encore mieux d'aller attendre de pied ferme
là haut. ═

„ Il n'y avait encore ni fpectateurs, ni lumiere, c'était ce dont St Lubin avait la malice de vouloir m'affurer : j'en fus, à vrai
dire, un peu confus, d'autant mieux que
mon introducteur affectait de fe tapir, comme s'il avait craint d'être pris pour un Ba-

daud par quelques freluquets qui lorgnaient
du parterre. ,,

Après s'être affez amufé de ma follicitude,
tout en voyant le monde fe répandre, en me
nommant ceux-ci, en me faifant des contes
fur ceux là, mon égrillard me dit enfin :
= Mais, Chevalier ? pour un homme qui
paraiffait fi preffé de voir les perfonnes que
nous attendons, vous marquez bien peu
d'envie de favoir qui elles peuvent être ? =
Cette queftion accrut encore mon embarras.
J'avais été vingt fois fur le point de l'inter-
roger, mais j'avais l'enfance de fuppofer qu'il
n'aurait pas auffi finement mefuré toute l'éten-
due de ma curiofité.= je dois lui repondis-je,
fuppofer, d'après votre eloge, que nous
verrons des Dames fort aimables; qu'ai-je
befoin d'en favoir plus ? = Il eft bon cependant que je vous prévienne de ce qu'elles
font : n'allez pas vous croire ici avec des
Adélaïdes ? L'une, jeune blonde, eft l'époufe
d'un certain M. de Belmont, Officier employé
à St Domingue, Lieutenant-de-Roi, je crois :
Commandant, quelque chofe comme cela ;
l'autre, (elle eft brune celle ci) c'eft Mad. de
Floricourt, féparée d'un Orang-outan qui
végete en Province, bon Gentilhomme fans
aucun luftre. Ces Dames, à qui, d'après leur
maniere de vivre, on doit fuppofer de la fortune, font à Paris fur un grand ton, fans
prétendre cependant à la qualité. Vous verrez

au furplus chez elles des gens de *haut - para-*
ge &, en tout, la *meilleure compagnie*; (*) mais
en revanche, vous n'aurez pas l'agrément de
vous y rencontrer avec des fourds & des con-
feffeurs. Je fuis peut-être le feul *Enfant-per-*
du de Paris qui foit *ancré* dans cette fociété,
compofée de Roués charmans & d'Etrangers,
moins aimables, qui, par leurs refpects &
leurs foins, rachetent l'ennui que procure
par fois leur apathie ou leur gaucherie à finger les Français; il vient auffi dans cette maifon des gens-à-talens, des femmes intéref-
fantes & d'un commerce fort agréable... A
propos? je fuis chargé de vous dire que nous
foupons. — Chez ces Dames? — Affurément
c'eft fans façons, dans un certain ordre, qu'on
fait connaiffance, & dès qu'on fe convient,
on fait abréger la marche des liaifons. —
Mais, je n'ai nullement l'avantage d'être con-

(*) Les parafites, les intrigans dans le genre de St
Lubin, donnent à plein-collier dans les titres & les
marques de diftinction qui feraient, en effet les gens
de *haut parage* & de *bonne compagnie*, fi *l'abus*
dans ce genre ne l'emportait pas à peu près fur l'inf-
titution elle-même. Le fait était qu'il venait chez ces
Dames des perfonnes titrées & décorées; on verra fi
toutes étaient à la lettre de *haut parage* & de *bonne*
compagnie. Le carnaval ne dure à Venife qu'un certain tems; à Paris quantité de gens gardent leurs maf-
ques toute l'année.

nu. — Connu, Chevalier! vous l'êtes parfaitement. Pourquoi derniérement au Luxembourg, étiez-vous si fort occupé de vos Dames, que vous ne me vîtes pas en quitter
d'autres pour venir me joindre à votre grouppe! -- J'avoue que je n'ai rien vu. -- Mais
nous nous voyions, &, si vous ne fîtes à
nous aucune attention, vous fûtes assez longtems l'objet de la nôtre... =

Alors, une fort belle conversation (qu'il
suppose s'établir entre ces Dames & lui,) dont
l'objet est de flatter excessivement mon amour-
propre en m'apprenant que ses amies, sa-
chant qu'il allait faire connaissance avec moi
sous les auspices de Mad. de Folaise, l'avaient
expressément chargé de m'amener chez elles.
De là, ses avances & la visite que vous savez. = Vous êtes au fait de tout, continua-
t-il; arrangez-vous d'après cela. — Mais,
Monsieur, lui repliquai-je, à travers tous ces
renseignemens, vous avez omis quelque chose de bien essentiel. Ces Dames sont-elles jolies? -- Je ne m'y connais pas (répondit-il
avec une mine de Crispin) : la piece commence : écoutons. =

Mon homme alors paraît tout à la scene :
il ne m'est plus possible d'arracher une parole de lui... Mortel ennui! L'opéra-comi-
que, quoique fort goûté, me semble pitoyable, les applaudissemens, les *bravò* qui com-

Premiere Partie. F

mençaient dèslorsàfemultiplierjufqu'à l'abus,
m'impatientent,m'excedent.On nevientpoint!
Je commence à foupçonner St Lubin de s'être
moqué de moi... Retour fortuné! j'entends
dans la ferrure le bruit d'une clef... Des voix
angéliques demandent à l'ouvreufe s'il y a
déjà quelqu'un dans la loge... De quelle douce & vive émotion mon cœur n'eft-il pas
agité!„

CHAPITRE XX.

Surprife. Coup de Sympathie.

„DEUX figures céleftes, plus éclatantes encore de leurs attraits que de leurparure, la tête
jonchée de plumes & de fleurs, brillantes de
diamans, & répandant le parfum des plus
fuaves effences, s'introduifent dans la loge
avec autant de grace que de gaité. Quelles
tournures! Dans les yeux de la brune (élan-
cée) que de feu! Dans ceux de la blonde,
(moins fvelte & moins grande, mais auffi
bien faite) quelle féduifante douceur! Le fourire eft fur leur bouche! les mots qu'elles pro-
noncent font mélodieux. Surprife enchante-
reffe dont l'imagination ne faifait pas tous

les frais, quoiqu'elle embellît sans doute encore ce délicieux instant ! „

„ Toutes deux , à l'envi, me disent des choses flatteuses en me parcourant de la tête aux
pieds à m'intimider. L'Abbé provoque un
peu des remercîmens badins , qu'il obtient
à son tour pour s'être si bien acquitté de son
message. Puis , tout-à-coup, afin sans doute
que j'eusse le tems de surmonter un embarras visible & non moins flatteur pour ces
Beautés que les plus éloquens éloges , elles
font semblant de s'intéresser infiniment à la
scène. Un trait heureux entraîne le Public.
Elles aussitôt de s'écrier , *ravissant*, *inimita-*
ble, & d'applaudir à coups précipités sur
leurs gants avec de superbes éventails qu'elles
risquent de faire voler en éclats. „

„ J'étais aux cieux. ═ Des femmes aussi sen-
sibles (me disais-je) & capables de saisir à ce
point les beautés de la musique & des vers,
doivent être douées d'une organisation bien
parfaite ! quelles ames ! & que celui qui pourrait les intéresser serait heureux ! — „ Holà,
Chevalier, interrompis-je ; c'était sur toutes
deux, à ce que je vois, que s'étendaient déjà
vos vues ? Peste ! il ne faut que vous en
montrer. — J'avoue, répondit-il , que mon
admiration les enveloppait tellement l'une &
l'autre, qu'il m'était impossible de ne pas les
adorer également... „

,, La toile tombe : c'eſt alors que mille queſtions me ſont faites ; des regards char-mans prodigués ; & que tant d'amabilité m'é-lectriſe enfin au point de me mettre , je crois, à l'uniſſon de leur agaçante folie. A meſure que je *prenais* , (cela ſe voit ſi bien !) j'étais plus content de moi-même ; bientôt après , je ne pus plus douter qu'on le fût de moi. ,,

,, La ſeconde piece avait à peine interrom-pu notre galant entretien , que Mad. de Bel-mont dit gaiment à ſon amie , en fort mau-vais Anglais , & à mi-voix. ═ Il eſt préciſé-ment tel qu'il me le faut. -- Et tel qu'il me le faut auſſi (lui répond Mad. de Floricourt dans la même langue , prononçant encore plus mal.) --- Mais entendons-nous , Floricourt : je le veux. --- Je le veux auſſi. --- Cela n'eſt pas juſte , je ſuis vacante. ── Qu'à cela ne tienne , je le ferai demain. ── Mais j'ai parlé la premiere. ── J'ai penſé moi , dès l'autre jour. ── Sauriez-vous l'Anglais , par haſard, M. le Chevalier ? (interrompit , comme par diſtraction , l'Abbé ſans regarder , & tourné vers le théâtre.) --- Je comprends quelques mots : lui répartis - je , ne voulant pas me vanter de tout mon ſavoir , de peur d'em-barraſſer ces Dames ; mais j'en diſais aſſez pour prendre ſur elles quelque peu d'avan-tage. Elles ſe retournent auſſitôt , me regar-dent un moment riant comme des folles de leur inutile finesse & se cachant derriere leurs éventails qu'elles agitent avec une extrême vivacité.,,

,, Deux minutes après, fidelles à l'usage dont m'avait parlé St Lubin, elles se levent : nous quittons la loge. J'offre la main à Mad. de Belmont qui se trouvait le plus près ; elle me la serre, je réponds. Avant de monter en voiture, les amies se parlent un moment à l'oreille : ensuite elles me prient de les accompagner & de céder mon vis-à-vis à l'Abbé, chargé d'aller prendre quelque part deux personnes qui devaient être des nôtres le soir. Mad. de Belmont placée, j'aide Mad. de Floricourt à monter. Elle me serre la main ; je réponds, & me voilà, sans y penser, engagé, selon toute apparence, dans une double affaire de cœur. ,, — Je vous en félicite. ≡

CHAPITRE XXI.

Nouvelles connaissances. Portraits.

C'EST toujours Monrose qui raconte : ,, Ces Dames demeuraient à la Chauffée d'Antin, tout près de la Barriere blanche. ,, — Je sais cela. — Vous m'étonnez ! vous connaissez donc tout Paris ? — Pourquoi non : moi qui

ne reviens pas de faire la guerre en Amérique! Je ne suis pas fâchée que vos aventures me promenent de la sorte en pays de connaissance. Comme c'est la pure vérité que
j'exige de vous, il serait difficile que vous me
la déguisassiez, quand à chaque trait altéré
vous craindriez de me voir substituer à l'instant ce que j'aurais su d'avance à ce que vous
auriez voulu me persuader.

„ Nous trouvâmes au sallon trois Mes-
sieurs, apparemment familiers dans cette maison, car ils faisaient un piquet. Deux jouaient,
le troisieme regardait & pariait. L'un des
joueurs était un petit homme chamarré de cordons étrangers; l'autre, un Ecclésiastique mondain, aussi décoré d'un ruban & d'une étoile
en broderie. Le parieur était un mince & long
jeune homme, à la physionomie blême... „

— Eh bien, voilà que je connais encore ces
trois personnages. L'homme aux cordons est
un Chargé-d'affaires, un Pensionnaire de plu-
sieurs petits Princes d'Allemagne, qui, n'ayant
en particulier ni assez d'intérêts politiques,
ni assez de revenus pour que chacun puisse
entretenir à Paris un Envoyé, se cottisent &
font un sort à un seul conseiller-intime, auquel, bien entendu, chacun de ses Commet-
tans attache sa petite marque distinctive.
Quant à l'Ecclésiastique étoilé, c'est tout de
bon un Seigneur, & même un aimable. Je

gage qu'il perdait à la partie de piquet? Car
le petit Plénipotentiaire eft grec? --- Vous
êtes forciere, je crois! La partie était fort chere; l'Abbé jouait du guignon le plus marqué; & même, à travers les politeffes qu'il ne
manqua pas de faire à nos Dames, quand
elles rentrerent, il ne put s'empêcher de laiffer percer de l'humeur. --- En voici la raifon :
cet homme a la paffion des jeux de commerce, & fe pique d'y être fort habile. Il perd
fort noblement avec fes égaux; mais je le
connais affez vain pour qu'il fe trouvât peut-
être humilié de jouer avec défavantage contre
un particulier bien éloigné de prouver pour
les chapitres. --- Et le parieur enfin, puifque
vous êtes fi favante? --- Long? mince? blême?
A ce fignalement j'ai reconnu tout de fuite
le *Cicéroné* de tous les étrangers, leur introducteur en titre dans les Mufées, les Lycées,
les Loges Maçoniques & les petits tripots
de Bel-efprit. Ce Perfonnage eft également le
diftributeur des billets de toutes les loteries
particulieres ; le receveur de foufcriptions
pour tous les bals, concerts & pique-niques;
le porteur d'adreffes de tous les Virtuofes,
Docteurs & Charlatans ambulans; il eft le
premier inftruit de tous les bruits de ville,
vrais ou faux, plaifans ou fcandaleux; il eft
au fait des mutations de bail des filles de
toutes les liftes : il va colportant tout cela

d'hôtel en hôtel, paraissant le matin au *petit jour* de vingt de ces femmes, qui se laissent voir à cette heure intéressée, & avec lesquelles ce Porteur de *feuille* fait son travail ; ensuite il va prendre le vent au Palais-royal, aux cafés, chez les Restaurateurs, où s'il est sans engagement, il trouve, à coup sûr, quelque curieux enchanté de payer d'un dîner l'instructive gazette clandestine du jour, ensuite M. d'Aspergue (car il n'en coûte plus rien de le nommer) va courir les loges aux différens spectacles, & finit sa journée par se rabattre sur la premiere Maison où l'on peut souper. — Vous m'épargnez le portrait de ce Courtier de société que, depuis, j'ai rencontré partout, & qui, dès ce premier soir où nous faisions connaissance, m'offrit ses affectueux services. — C'était l'occasion, mon cher, de connaître en huit jours toute la société verreuse de Paris, & de pouvoir même bientôt payer de votre personne dans cette guerre civile perpétuelle qui s'y soutient entre l'armée des aventuriers & celle de leurs dupes : mais, je ne vous interromps plus. Poursuivez. —

„ L'Abbé de St Lubin survint à son tour, précédant deux personnes pour lesquelles il ouvrit lui-même les deux battans : on annonça Mad. la Baronne de Flakbach. L'être masculin qui donnait la main à cette illustre,

était un gros & enluminé réjoui, dont, à
l'habit noir de velours cifelé, à la perruque
bouffante, à la longue canne au bec de cor-
bin, on n'aurait pu méconnaître l'état, le
Laquais ne l'eût-il pas qualifié de Docteur. ,,

,, La premiere fcène que nous dûmes à ces
nouveaux venus fut de plaintes aigre-douces
dirigées par l'eflanquée Baronne, contre M.
de St Lubin. Chariée, dans mon rapide vis-
à-vis, & fur les genoux du Docteur affis dans
le fond, la Dame avait brifé fes plumes contre l'impériale, applati fon *pouf* & dépoudré
fes cheveux. Mais fur-tout elle avait *fouffert*
exceffivement de l'incommode mobilité de l'Ab-
bé, placé fur le devant, faifant face, & *qui,*
difait-elle, *ne favait ni fe prêter aux mouve-*
mens d'une voiture, ni s'y enchevêtrer d'une ma-
niere qui fût de bonne compagnie. Bref : Il ne
tint qu'à nous de deviner, fur-tout à certain
fourire fardonique de l'accufé, que pendant
le trajet, il avait mis à quelque forte épreuve la pudeur de Mad. la Baronne, très-rap-
prochée de lui, vu la très-ample circonféren-
ce de la bedaine du Docteur.... ,,

,, Une derniere carroffée de deux couples
provinciaux, maris & femmes, coupa court
à ce procès faugrenu. ,,

,, M. d'Afpergue était, dans cette conjoncture, le Maître de cérémonies, & il y en eut
beaucoup, car ces Dames de province, étaient

de grandes façonnières ; on fe voyait pour
la premiere fois. Les Meffieurs , tous deux
de robe , & qui fe piquaient de bel efprit ,
avaient arrangé pour les maîtreffes du logis,
de petits complimens fort bien *trouffés* ; l'un
s'emparant de Mad. de Belmont, l'autre, de
Mad. de Floricourt, il ne leur fut pas fait grace d'une fyllabe de ces hommages académiques , qui tinrent fort ennuyeufement tout
le monde debout pendant cinq ou fix minutes... ,, ——

Pour Dieu , mon cher Monrofe , faites an-
noncer enfin qu'*on a fervi*.

C H A P I T R E   X X I I.

Qui en prépare de plus intéreffans.

UNE chère délicate , beaucoup d'élégance ,
& fur-tout la franche liberté , l'ame de tous
les plaifirs , préfidèrent à ce fouper dont le
véritable objet était d'aboucher les Provinciales avec le Docteur. L'une d'elles était fort
incommodée , difait-on , de certaine *maladie
de femme* que guérit ordinairement le mariage ; mais qui, chez Mad. de Moifimont, bra-
vait opiniâtrement , depuis trois mois, la
vertu du Sacrement & fon régime. L'époux,

avec de valables raifons pour fouhaiter que
l'art triomphât enfin d'une indifpofition peu
ragoûtante, contre laquelle échouait ainfi la
Nature, n'avait pu déterminer, en province,
à aucun remede, fa chère moitié, butée à
n'ufer, jufqu'à parfaite guérifon, que de celui dont M. de Moifimont était chargé par
devoir. ,,

,, Sur ce pied, & pour d'autres raifons encore qui feront citées par la fuite, le maladroit Efculape avait pris le parti de dépayfer
fa Dame, fe flattant, en homme de fens, qu'à
Paris, la Faculté, moins pédante, faurait enfin
apprivoifer à fes ordonnances une malade ré-
tive qui, dans fes foyers, n'aurait pas pris,
à titre de médicament, un verre de limonade.
D'Afpergue, correfpondant, (car l'exercice
de fon courtage n'eft pas borné dans l'enceinte de la capitale,) d'Afpergue avait été
de plus loin inftruit de tous ces détails : c'é-
tait lui qui, ne voulant pas effaroucher Mad.
de Moifimont par l'apparition d'un Docteur
dans fon hôtel garni, s'était fi bien entremis,
qu'enfin les intéreffés fe trouvaient en préfence dans une maifon tierce, comme par hafard & fous les aufpices du plaifir.

Mefdames de Belmont & de Floricourt,
bien au fait, trouvaient très-bon qu'à leur
fouper le Docteur fût une efpece de córiphée.
Provoqué, vanté, célébré par d'Afpergue &

St Lubin, il foutint leurs éloges avec tant
d'efprit; il improvifa pour les provinciales
des chofes fi galantes & fi gaies, que faifant
oublier par magie à Mad. de Moifimont qu'il
était Médecin, celle-ci fut la premiere à dire
bien bas à d'Afpergue fon voifin : ⹀ Si j'étais
femme à confulter enfin quelqu'un fur mon
état, j'aurais en ce Docteur la plus extrême
confiance : il eft impoffible qu'un auffi galant-
homme n'ait pas infiniment de talent. — J'allais, (repliqua d'Afpergue avec autant de
myftère) vous propofer de prendre au bond
cet *habiliffime*; mais il faudrait lui dire un
mot dès ce foir... — Moi ! Monfieur, non fûrement. — Je ne dis pas vous, Madame, mais
moi, de votre part. Sachez qu'on fe l'arrache; qu'il eft à tout moment hors de Paris,
& que d'un mois peut-être nous ne trouve-
rons plus une occafion auffi favorable. ⹀ Mad.
de Moifimont s'était laiffée furprendre à la
douce trahifon du Champagne; fa tête était
envaporée. Dans un premier mouvement,
elle donna *carte blanche* à d'Afpergue qui, de
peur que la permiffion de s'ouvrir pour elle
au Docteur ne fût révoquée, fe hâta de fe
mêler à d'autres entretiens. ,,

,, Pendant que ces difpofitions s'étaient faites à petit bruit, d'autres intérêts avaient
occupé les autres convives. M. de Moifimont,
romanefque & vain par nature, épris fur-tout

de la *qualité*, s'était brufquement paffionné pour les beautés furannées de Mad. la Baronne de Flakbach. Celle ci, que depuis cinq ou fix ans la galanterie offenfive laiffait parfaitement en repos, n'avait eu garde de mal accueillir un fémillant Céladon qui fe jettait à fa tête; tout près d'eux le frais embonpoint de l'autre Provinciale piquotait vivement le petit Plénipotentiaire, mais fur-tout le lefte grand-Chanoine (*) moins jaloux de garder le *décorum*, & qui lui difputait vivement cette conquête, à la barbe de l'oublié mari. Celui ci, très-embarraffé de fa perfonne, avait vifiblement de l'humeur, mais les amulettes de Cour lui en impofant, il n'ofait rompre, à ces Meffieurs, en vifière. „

„ Ces différens tableaux m'auraient infiniment amufé fi je n'avais eu moi-même un rôle principal, bien plus agréable que celui d'obfervateur. Placé, en maniere d'étranger à qui l'on fait, pour une feule fois, un peu de façons; affis, dis-je, entre Mefd. de Belmont & de Floricourt; également attiré par l'une & l'autre; brûlant pour toutes deux & pou-

---

(*) A Mayence & dans quelques autres Cours Eccléfiaftiques, les grands Chanoines font d'étoffe à devenir Electeurs, Evêques - Souverains, &c. -- On nomme ordinairement *Comtes*, en pays étranger, ces Seigneurs tonfurés.

vant, fans fatuité, me tenir auffi pour dit
qu'elles goûtaient l'émotion que me caufait
leur *charme* (*); je n'étais que par moments
diftrait d'elles & rejetté, bien malgré moi,
dans le tourbillon : mon état devenait par
degrés un voluptueux fupplice quand on fe
leva, fort à propos, car, on ne fait ce que,
plus longue, la féance aurait pu devenir, tant
chacun s'était haut monté felon fon caprice.
Mais les préparatifs d'une *bouillotte* déjà faits
dans le fallon, cauferent foudain une diver-
fion calmante & néceffaire. Cette table fut
bientôt entourée par l'Envoyé, le Chanoine,
Mad. de Flakbach, M. de Moifimont, (à caufe
d'elle) & enfin par l'amie dodue de Mad. de
Moifimont. „

(*) Avec beaucoup de charmes , c'eft-à-dire de
beauté, on peut manquer de *charme* : on peut de même
avoir beaucoup de *charme* avec très-peu de beauté.
Réunir *le* & *lés* , c'eft la perfection à fon comble.

CHAPITRE XXIII.

Le premier, de ce récit, qui m'ait fait autant de plaisir.

„ On ne fut pas plutôt occupé du jeu, (continua Monrose) que mes enchanteresses m'amenèrent gaiment vers une douillette ottomane où je pris place entr'elles deux, tandis que d'Aspergue avait l'air de négocier auprès du Docteur ; que St Lubin entretenait, non sans quelque jeu de mains, la Dame pour laquelle on allait consulter ; & que l'autre mari Provincial, surnuméraire de la bouillotte, faisait diversion à ses visions cornues, debout devant la cheminée, en méditant les beautés *lyrico-poëtiques* de quelques écrans bigarrés de vignettes & de petits airs. „

„ = Floricourt ? (s'avise tout-à-coup de dire l'aimable de Belmont) tandis que tout ce monde est si bien à l'ouvrage, faisons voir au Chevalier notre maisonnette. Il est bon qu'il connaisse un local où nous nous flattons bien de le posséder souvent. = Un baiser sur la main de chacune, en les suivant, fut mon unique réponse. „

Outre la jouiſſance des pieces communes, telles que l'anti-chambre domeſtique, la ſalle à manger, le grand ſallon & un plus petit, contigu, chaque amie avait encore celle d'un petit appartement complet, ſimple, mais de l'élégance la plus recherchée. On éprouvait, à l'occaſion de ces retraites, le même embarras que cauſaient elles-mêmes les Nymphes qui les habitaient. S'il était impoſſible de juger qui de Mad. de Floricourt ou de Mad. de Belmont était la plus deſirable, on ne pouvait pas plus décider laquelle des deux était logée avec plus de goût & de commodité. Leurs lits étaient des trônes... Me ſentant déjà bien aſſuré d'y régner tour à tour, cette idée faiſait palpiter orageuſement mon cœur. *C'eſt là*, (m'avait dit, chez elle, avec fineſſe, la tendre Belmont en me preſſant doucement la main). — *C'eſt là*, (n'avait pas non plus manqué de me dire, chez elle, à ſon tour, l'eſpiègle de Floricourt, en me preſſant la main plus vivement encore). Chaque fois mon expreſſive phyſionomie m'avait trahi ; de ſorte que l'une & l'autre Belle avaient pu juger de l'excès de plaiſir que me cauſait leur flatteuſe rivalité.

Nous étions enfin dans le boudoir de Mad. de Floricourt. Elle ſe hâta de fermer la porte ; nous fit aſſeoir dans le ſanctuaire de l'amour

l'amour (*), y prit auffi fa place, & nous
étonna par cette ouverture non moins difficile que franche.

═ Enfans ? dit elle, gardons-nous de donner dans un piège que la difcorde vient de
gliffer fous nos pieds, & dont, la premiere
avifée, il eft de mon devoir d'avertir : Tu
voudrais envain me cacher, ma chere Belmont, que Monrofe t'infpire un goût bien
vif : je t'en avoue autant de ma part : nous
fommes amies; je ne veux pas me brouiller
avec toi; tu penfes fans doute de même en
ma faveur : allons donc au devant du danger de voir corrompue, à l'occafion d'un joli
Cavalier, cette parfaite & fincère union qui,
depuis deux ans nous rend heureufes. Que le
Chevalier s'explique fans déguifement. S'il te
préfère, je me facrifie & te cède fa précieufe poffeffion... ── S'il te préfère (fe hâta d'interrompre l'amie,) prends-le vîte avant qu'il
me plaife encore davantage. Oui, qu'il te
refte, chère Floricourt, que rien, rien au
monde... (Elle avait fixé fur mes yeux les
fiens humides de larmes) Que pas même *lui*
ne puiffe nous défunir. ═

_____

(*) Ici l'Auteur me paraît obfcur. Il veut dire apparemment dans la niche du boudoir.

Note de l'Editeur.

Premiere part.   C

„ Le bonheur m'accablait : j'étais hors de
moi : foudain l'Amour m'infpire & me jette
aux pieds de mes Déeffes. ⹀ Non, non,.
(m'écrié-je avec le plus fincère comme le
plus impétueux tranfport) que plutôt je fois
à jamais privé de la moindre de vos bontés,
amies non moins généreufes que raviffantes,
s'il faut acheter l'une de vous au prix d'un
outrage menteur que je ferais à l'autre. Toutes deux céleftes, toutes deux fi différemment
belles qu'on ne peut vous comparer, je veux
vous idolâtrer indiftinctement ; vous confa-
crer ma vie &... Mais tant de bifarrerie peut-
elle être mife au jour'fans bleffer votre délicateffe ! Je voudrais partager entre vous deux,
avec une fi parfaite égalité, mes adorations
& mes tranfports... — N'achève pas (inter-
rompt Mad. de Floricourt me jettant les bras
& me donnant un baifer de flamme) je vois,
Chevalier, que la Nature a tout fait pour
toi... ⹀ Pardon, ma chere Félicia, fi je manque ici de modeftie ; mais je cite. — Allez
votre chemin. ⹀

„ Déjà Madame de Belmont a doublé le
baifer de fon amie... Voilà, continua celle-ci,
le premier homme chez qui j'aye trouvé le
courage de la candeur. Monrofe eft enfin le
phœnix qu'ont forgé fi fouvent nos tendres
imaginations, mais dont l'exiftence nous femblait impoffible. Eh bien, nous te prenons au

mot, unique Chevalier. Tu viens de te dé-
clarer... ah! bien fans le favoir, pour l'être
qui doit combler un fouhait fort antérieur à
ton heureufe connaiffance...— Oui, oui, (coupa l'adorable Belmont) tu nous aimeras toutes deux, & nous ferons, à l'envi, notre
bonheur fuprême de fublimer le tien. ⸗

„ Cette fcène paffionnée, avait quelque
chofe de trop folemnel pour que je fongeaffe
à la gâter par quelqu'entreprife d'une déro-
geante audace. A qui la premiere m'aurait il
convenu de faire l infulte de commencer par
avoir fon amie? Mais cet embarras ne devait
durer qu'un moment. „

⸗ Chez moi, (dit avec feu la magnani-
me Floricourt) c'eft à moi de faire les fraix
de notre paête d'alliance. Elle avait en même
tems attiré fur fes genoux Mad. de Belmont,
qui fe trouvait depuis un moment debout,
&... des yeux, la bifarre Floricourt me fait
certain figne impératif... J'héfite : Mad. de
Belmont, digne de fon amie, & qui devine
quel facrifice eft médité, veut fe dégager. On
la retient; on me commande encore. Je ne
veux pas me conduire en novice; j'obéis à
Mad. de Floricourt, les yeux fixés fur les
fiens qui continuent de m'inviter au pillage.
Je fonds fur fon Amie. Prefqu'à la premiere
atteinte, celle-ci perd connaiffance; fa tête fe
renverfe, avec toute l'expreffion du parfait

bonheur, fur l'épaule de cette rivale qui leve
nos fcrupules avec tant de générofité. C'eft
Floricourt elle même qui s'empreffe d'écarter
le monceau de gaze fous lequel bondit le
fein de mon expirante victime... Mais mes
bras étreignent à la fois ces deux femmes non
moins extraordinaires par leurs fentimens,
que par leurs attraits: fi le fort veut que la
célefte Belmont reçoive la premiere mon ame
par la voie brûlante des fuprêmes voluptés,
du moins fais - je retenir une partie de cette
ame éperdue, pour la fouffler dans un ma-
gnétique & fixe baifer jufqu'au cœur d'une
amie dont je ne fuis pas moins épris. C'eft
ainfi que dès le premier inftant, le feul criti-
que fans doute, je fuis affez heureux pour
ne pas trahir mon ferment. == „

Ce n'eft plus Monrofe qui te parle, cher
Lecteur; c'eft Félicia qui t'adreffe un mot à
fon tour.

J'avoue que quoiqu'un peu prévenue contre ces Dames, dont je connaiffais fort bien
le catinifme, le récit de mon cher neveu me
fit illufion : il venait de me frapper d'une
idée de plaifir fi vive : ce joli boudoir, le
grouppe de ces trois délicieufes figures, le
caprice de leur enlacement, l'excès de leur
abandon... Tout cela fe peignait d'une maniere fi piquante... Il montait du rouge à
mon vifage.... D'involontaires mouvemens

trahiſſaient une voluptueuſe agitation... Le
fripon s'en apperçut &... je ne pus éviter
qu'il me fît, avec la pétulante ardeur d'un
franc-moineau, ce qui venait de rendre ſa
Belmont ſi complettement heureuſe. La ſeule
différence du lot de cette Belle au mien fut,
qu'étant ſeule, & les bienfaits du deſir que
je pouvais moi-même inſpirer, & ceux de
la réminiſcence, & les tranſports, & les baiſers... tout fut pour moi ſans partage.

C H A P I T R E X X I V.

Où le Héros eſt un peu compromis.

Vous ſaurez, cher Lecteur, que malgré la
douceur de l'impromptu dont je viens de me
confeſſer, je me fis quelque reproche d'avoir
cédé ſi facilement ! mais que voulez-vous : *je
fus toujours, je ſuis toujours la même.* Perdant,
du moins pour ce moment-là, le droit d'être
ſévère ſur le chapitre des erreurs de mon *entreprenant* Neveu ; politiquement je rompis
la ſéance.

C'était mon jour de loge à l'opéra : j'obtins
ſans peine du complaiſant Monroſe qu'il m'y
accompagnât. Il était bien éloigné de prévoir
ce qui l'attendait à la ſortie, & quelles ar-

mes allaient me donner contre lui de nombreux indices de ſes galantes fredaines.

Comme, en ſa qualité de plus jeune & de
parent, il avait cédé ma main au Duc de...,
qui venait de voir le ſpectacle dans ma loge,
plus de vingt femmes de tout rang, plus ou
moins jolies, mais des plus mal famées, &
dont quelques-unes étaient des *demi-caſtors*
abſolument uſés, donnerent à mon étourdi,
ſur tous les tons, des marques d'attention
& d'intérêt, que ma préſence ſur-tout devait
lui faire trouver inſupportables.

＝ Te voilà, beau Chevalier! — Eh bien?
à quand donc? — Bon ſoir, mon chou. —
Point de réponſe, Monſieur? — Ah! c'eſt
du plus loin qu'on s'en ſouvienne. — Menteur! — Oui : c'eſt encore moi. — Maladroit!
comme me voilà faite! — On eſt bien fier!
— Je te l'avais bien dit, Milord s'en doute.
— Je ſoupe ſeule ce ſoir. — J'ai chaſſé notre
Argus; mais ne venez pas ſans un mot de
moi. — A quand notre paix? — &c. Il ſemblait que toutes les *allures* du fripon ſe fuſſent
donné le mot pour lui fondre ſur le corps
ce fameux ſoir là.

Nous jettons chez lui le Duc, & voilà que
je me trouve encore tête-à-tête avec le pauvre garçon bien embarraſſé de ſa contenance,
en dépit de ſa récente repriſe de faveur. ＝ Ne
mourez-vous pas de honte, lui dis-je très-

férieufement, d'être (comme m'en voilà fûre)
l'étalon affiché de ce fretin ou de ce rebut
des femmes galantes! — Grace, grace, ma
chere Félicia! ne m'accablez point par de
trop juftes reproches. = (Il me ferrait les
mains ; il mettait en jeu tous les refforts de
la contrition ou du moins de l'hypocrifie) =
Soyez certaine, continua - t - il , que ce qui
vient de m'arriver à cette maudite fortie, ferait à jamais la plus frappante leçon pour
moi , fi fon effet n'était encore furpaffé par
celui de ma honte, quand vous même avez
été le témoin d'une difgrace trop méritée.
C'eft cette circonftance aggravante, ineffaça-
ble dans mon fouvenir, qui va, je vous le
jure, me corriger pour jamais de ma méprí-
fable bannalité. — Que de foins, que d'or,
peut-être , en dépit de vos agrémens, n'a pas
dû vous coûter cette clique de fang-fues non
moins avides des dépouilles de leurs favoris,
qu'infatiables des voluptés qu'ils procurent!
— Oh! pour le coup, vous outre paffez le
vrai ; jamais... — Ecoutez-moi : je veux bien
fuppofer (& fi c'était autrement, je vous mé-
prifarais comme un modèle de fottife :) Je
fuppofe, dis-je, que jamais vous n'avez tiré
de votre bourfe le vil falaire des faveurs de
quelqu'une de ces proftituées ; mais avouez
que des parties de plaifir , des commiffions
pour mille coûteufes fantaifies, des bagatelles,

des chiffons defirés en votre préfence; en un
mot, tout ce menu détail d'impôts, que les
plus défintéreffees excellent à lever fur leurs
tenants... Avouez que tout cela vous coûte...
Combien dirai je? — Très-peu de chofe; car
de même, on m'a beaucoup donné &, dans
mes mains, les bienfaits de l'amour ont fait,
je vous l'avoue, une navette perpétuelle. —
Et vous n'en avez pas mieux fait. Ce commerce, Monfieur, ajoute encore au défaut de
délicateffe. Je gagerais néanmoins que vous
y êtes encore du vôtre pour un montant ef-
frayant? — Ne faut-il pas employer fon argent à quelque chofe? Eft-ce à mon âge qu'on
a du plaifir à paralyfer, entre quatre ais,
le magique générateur de toutes les jouif-
fances de la vie! — Des fophifmes ne
m'en impofent point. Oui, fans doute, il
faut fe faire honneur de fa fortune, & jouir
de fon âge heureux : mais ou nous nous
brouillerons, mon cher Monrofe, ou vous
apprendrez à faire de l'une & de l'autre un
ufage qui tende à vous faire eftimer. Quelle
eft pourtant cette jolie femme au nez en l'air,
mais dont la phyfionomie ne laiffe pas d'a-
voir je ne fais quoi d'extraordinaire & de
finiftre? — Laquelle, s'il vous plaît? — Celle
qui vous a reproché *votre maladreffe*. Elle
n'avait pas l'air de rire, & certes, il faut
qu'il y ait du grave dans vos rapports avec

elle ? — Du grave, d'accord, mais non pas
de quoi me voir grondé, car ce que j'ai fait
à fon occafion eft peut-être la meilleure action de ma vie. — Contez-moi cela ? —

Fille d'un honnête particulier fans fortune, &
mariée depuis trois ans avec un riche barbon,
la piquante Salizy, vaine de fa taille, telle qu'on
en voit peu d'auffi parfaites, négligeait, à caufe
d'elle, la fage précaution de fe faire faire un enfant, ou plutôt, fuyant les hommes & folle
de fon fexe, elle avait cauteleufement évité,
jufqu'à moi, les moindres hafards qui puffent
l'expofer à devenir mere. Cependant coquette à l'excès, dévorée de mille defirs que
l'impuiffant palliatif des careffes féminines ne
faifait qu'irriter ; plus hardie enfin, & fuccef-
fivement *arrangée* avec plufieurs hommes tous
éperdus, tous bercés d'efpoir, tous d'autant
mieux martyrifés, que toutes les faveurs imaginables, excepté la fuprême, leur avaient
révélé combien, fans celle-ci, leur fortune
demeurait incomplette. Salizy, dis-je, après
tant d'efcarmouches, fe gloriffait encore de
poffeder ce que, lors de fon mariage, elle favait
très-bien ne pouvoir être emportée par fon
époux invalide... Je vins enfin : j'eus le bonheur de démonter un capricieux fyftême ; en
un mot je triomphai, fous le ferment, il eft
vrai, de ne pas ufer fans réferve de tous les
droits d'un vainqueur. Mais, au moment de

les exercer, la convention me paraît abfurde,
contraire même aux véritables intérêts de la
bifarre Salizy : falutairement parjure, je la
féconde dès le premier jour. — Fort bien! &
voilà ce que vous nommez la meilleure action
de votre vie?— Sans contredit ; puifque je fixe
ainfi fur cette femme, au nom de l'être qu'elle
porte dans fes flancs, une fortune dont, fans
moi , l'hérédité ne lui était nullement affurée. — Et fi elle venait à mourir en accou-
chant? — Vous me glacez d'effroi! — Ne nous
mêlons pas , aveugles humains, d'influer ainfi
fur les deftinées d'autrui, quand nous fommes à peine en état de diriger la nôtre. Cependant il femblerait que vous ne vous voyez
plus ? — C'eft l'ingrate qui m'a fermé fa
porte dès qu'elle a été fûre de fa groffeffe.
— Voilà vraiment votre belle action récom-
penfée d'un beau certificat! ⸻

Nous arrivions : je m'étais affez occupée ce
jour-là des chofes étrangeres à moi. Nous
convînmes de reprendre au premier jour la
confeffion de l'aimable fou, laiffée fur le ca-
napé du boudoir de Mad. de Floricourt.

CHAPITRE XXV.

Conclusion du traité de triple alliance.

Vous douteriez-vous (dis-je à mon Pupille au bout de quelques jours) que votre récente déconvenue, à cette sortie de l'opéra, vous a fait un peu de bien dans mon esprit ? En y réfléchissant, j'ai trouvé qu'il était heureux pour vous d'avoir plutôt rôti le balai comme vous avez fait, que si vous vous étiez claquemuré près de deux égrillardes telles que vos belles de la Chauffée-d'Antin, qu'on dit....
— Ah! quartier pour elles, interrompit-il avec feu ; ne les confondez pas, je vous prie, avec ces friponnes dont vous m'avez, bien à bon droit, blâmé d'avoir décoré les catalogues. Nous sommes seuls : ayez la complaisance d'entendre ce qu'il me reste à vous dire de Mesd. de Belmont & de Floricourt : quand vous saurez tout, vous conviendrez que j'ai bien moins à me plaindre d'elles, qu'elles sans doute à se plaindre de moi. — Je vous écoute.

„ Je n'eus pas plutôt pris possession de l'attrayante Blonde, que l'enlevant toute pâmée de dessus les genoux de la Brune, je marque

le plus fougueux deſſein d'aſſurer également
mes droits ſur celle-ci. Mad. de Floricourt,
ſouriant de ſon danger, veut s'échapper;
mais avant qu'elle n'ait ſaiſi le bouton du
verrou, j'enjambe une chaiſe qu'en badinant
elle vient de placer comme un rempart entre
nous : aſſis & attaquant l'équilibre de ma nouvelle proie, je le lui fais perdre : elle tombe
de-çà, de-là, ſur moi, dans une poſition dé-
ciſive, qui ne peut au ſurplus la déſobliger
aux termes où nous en ſommes, & à laquelle
plutôt il me ſemble qu'elle ſait ſe prêter fort
adroitement. Je trouve pourtant un léger
obſtacle qui cauſe entre nous quelque débat.
═ Belmont eſt encore dans le néant du bonheur, elle ne voit rien ; il ſerait cruel de l'arracher aux délices de ſon extaſe ; ſaiſirons-
nous ce moment pour conſommer à ſon in-
ſçu ce qu'elle-même n'a ſouffert qu'avec l'attache de ſon amie? ═Vain ſcrupule, vétilleuſe
objection de la délicateſſe de Floricourt, quand
déjà ſes ſens la démentent ; quand je ſuis abſolument le maître ; quand mes baiſers paſſion-
nés lui coupent la parole ; quand mes témé-
raires mains & le reſte, ont mis le feu par-
tout.. Nos *aimans* ſe joignent, s'attirent, *s'u-*
nifient... L'univers eſt oublié.

Lorſqu'enfin nous redeſcendons ici bas ;
lorſque nos yeux à l'uniſſon ſe rouvrent à la
vulgaire lumière, quel eſt le premier objet

dont ils font frappés ? C'eft de la chere Belmont qui, radieufe de beauté, la paupière bat-
tante & demi-clofe encore, nous preffe de-
fes bras d'albâtre, & nous partage les plus
indulgens baifers. Ah! dans notre ivreffe ceux
que nous lui rendons peuvent-ils être moins
brûlans !

Floricourt fe déplace ; elle n'occupe plus
qu'un de mes genoux ; l'autre invite Belmont
qui s'y pofte. Toutes deux tombent dans mes
bras & m'enlacent des leurs ; nos yeux, nos
bouches, nos cœurs s'entr'électrifent encore ;
nous nous jurons, à travers mille baifers,
l'éternité de notre transfufion magique. Bientôt, avec moins d'exaltation, bravant la fueur
glorieufe dont le *cheval de bataille* écume encore après fon double exploit, chacune des aimables folles daigne étendre fur lui des doigts careffans, lui jurant *foi* conftante & fervent *hommage*. Une fituation telle que la mienne fut
fans doute fouvent efquiffée par le *caprice*,
mais je gagerais que nous venions de fixer,
pour la premiere fois, dans un immortel original l'intéreffante alliance du pur fentiment
avec la volupté fublimée.

Cependant nous étions abfens depuis trois
quarts-d'heure, & la décence exigeait que nous
reparuffions au fallon. Mais quelque chofe
d'affez plaifant allait nous retarder encore :
voici ce que c'eft.

CHAPITRE XXVI.

Confultation à rebours.

,, J'ai dit qu'à la fuite de la piece où l'on jouait il y en avait une plus petite contiguë ; c'était par celle-ci que nous nous propofions de rentrer ; mais il s'y paffait d'étranges chofes, auxquelles, par refpect pour nous-mêmes, nous devions bien nous garder de faire incident. Nous allions ouvrir lorfque :

— Malheureux! (dit une voix que nous reconnûmes tous être celle de Mad. de Moifimont) ne pouvais-tu pas du moins me faire avertir de ton état déplorable, qui m'eût fait connaître le mien ? Vous favez, lui répondit-on, que je partis brufquement pour Marfeille : je ne me doutais de rien alors. Quand je fus fûr de mon malheur, j'écrivis ; mais n'ofant confier à la pofte une lettre qui aurait pu tomber entre les mains de vos parens, je chargeai mon camarade Saint-Far de vous la remettre en mains propres. — Saint-Far! Dieux! que m'apprends-tu ? & quelle faute n'ai-je pas faite! Il eft vrai, Saint-Far parut chez moi. Mais, outrée de me voir apporter myftérieufement, par un homme de fa forte, des nou-

velles qui fuppofaient que tu t'étais permis
d'avoir un confident, je pris l'écrit avec colere &, devant l'émiffaire, que je traitai
fort mal, le feu me fit raifon de ta prétendue témérité. — Tu vois donc, chere Mimi,
qu'il n'y eut pas de ma faute? — je vois de
plus qu'une fois qu'on a fauté le foffé, l'on
ferait bien mieux d'être conféquente : & qu'on
ne peut être, avec fuccès catin & bégueule
à la fois. Un inftant de fotte fierté m'a bien
porté malheur. Au furplus, puifque toute
cette aventure n'eft qu'une chaîne de malen-
tendus, il faut bien, bourreau, que je te
pardonne; mais à une condition pourtant.
— Ordonne, chere Mimi : je n'ai rien à te
refufer. Je te dois, de mon crime involon-
taire, toutes les réparations imaginables. —
La punition fera douce : à genoux, Monfieur...
A genoux, vous dis-je.

= Pour bien comprendre ce qui fuit, ma
chere Comteffe, ou plutôt pour pouvoir y
croire, il eft bon de vous fouvenir que Mad.
de Moifimont était à peu près grife au fortir
de table. = Eh bien ? (dit le coupable,
fans doute venant d'obéir) — Ah ! tu
fais femblant de ne point me deviner ! un
peu plus d'efprit, mon cher. Il s'agit de remettre fur l'heure en commun le revenant-
bon de nos anciennes proueffes. — Vous n'y
penfez pas ! — Demeure. — Mais il y a de la

folie. — Ne crois pas m'échapper... Cela fera... Je le veux; je l'ordonne. — Ici! chez
des étrangers! à peine en sûreté. — Point de
défaite; tu vas, ne t'en déplaise, t'exécuter
d'auſſi bonne grace que moi. Ta conduite,
en apparence criminelle, avait bien pu me
faire déteſter ton ame que je croyais noire
comme l'enfer, quand je ſuppoſais ton Saint-
Far dans notre ſecret; mais je n'ai pas été
pour cela un ſeul inſtant brouillée avec cette
ſorciere de mine, & quelque choſe de plus
ſéduiſant encore, qui m'a fait tant de plaiſir...
Voyons : — Mais prenez donc garde... — Le
Diable s'en mêlerait que tu ne ſortiras pas
d'ici ſans que je t'aye rendu la monnoie de ta
piece. — Mais, vous voyez bien que je ſuis
guéri, moi! — tu te feras guérir une ſeconde fois, car je ne t'en ferai pas grace. Allons,
qu'on m'obéiſſe; tu ſais que ta Mimi, ſi fidelle
à tes leçons dont elle était ſi digne, ne ba-
dine pas ſur l'article : au fait. — Voilà bien
le plus tyrannique caprice... Mais par bonheur j'ai ſur moi mon eau de Préval. = (*)
   Au ſilence, au *frou-frou* donc cet étrange

(*). Ce ſpécifique, au moyen duquel on devait
pouvoir braver tous les dangers du libertinage, était
fort à la mode alors. Quand il a pu perdre toute ſa
réputation, on peut conjecturer combien il a fait de
dupes & multiplié les victimes de la fatale contagion.
                                      colloque

olloque fut immédiatement fuivi, nous ju-
geâmes qu'il valait mieux faire le grand tour,
que de demeurer là pendant toute une céré-
monie dont la durée ne pouvait au jufte fe
calculer. Mes bonnes amies avaient eu d'abord
quelque dépit de voir leur hofpice ainfi pol-
lué; cependant n'ayant à rougir que devant
moi, avec qui ce n'était plus le cas de faire
des façons, elles ne purent s'empêcher de rire
du comique bifarre de cette fcene. = Il fera
piquant (difait Mad. de Floricourt) de voir
qui fortira du cabinet avec cette deffallée de
Moifimont. Pefte! quelle Luronne? Il paraît
que, dans leurs recoins de Province, ces Dames reçoivent d'excellentes leçons : les cou-
liffes de Paris auraient peine à fournir le pendant d'autant de luxure & de cynifme. ---,,
Et vous ne riyez pas auffi de cette folle, interrompis-je, outrée de voir que le conteur mettait à cette citation, le deffein de donner à
fa Floricourt un vernis de délicateffe. Les
réflexions de cette femme étaient vraiment
bien de mife, après ce qui venait de fe paffer
au boudoir! = Monrofe ne chercha pas à la
juftifier. Très attentif à ne point me déplai-
re, il baiffa les yeux & pourfuivit ainfi fa
narration :

,, A peine avions-nous paffé quelques minutes autour des joueurs de bouillotte, qu'à
travers la porte myftérieufement entr'ouver-

te, d'Afpergue fut appellé par Mad. de Moifimont. Il courut : on referma. „

„ Cependant nous comptions des yeux nos
perfonnages. L'admirateur d'écrans & Saint-
Lubin remplaçant au jeu Mad. de Flakbach
& fon nouvel efclave, Moifimont que nous
avions trouvés roucolant nez à nez fur l'ottomane, il ne manquait dans le fallon, avant
l'éclipfe de d'Afpergue, que Mad. de Moifimont & le Docteur. Quoi donc! ferait - ce
bien ce grotefque Efculape, en dépit de fa
bedaine, de fes pots-à-beurre, de fa perruque, &c... Quoi! ce ferait lui qu'une petite
Maîtreffe de province viendrait de violer!
Quelle apparence pourtant qu'une telle figure
eût jamais fait une paffion, qu'elle fût encore
venue à bout de rallumer à l'inftant un voluptueux defir! d'ailleurs, ces gens-là fe con-
naiffent de longue date; on ne s'eft cependant apperçu de rien pendant le repas! quel
pouvait donc être le fecret de cette inconce-
vable aventure! quelle convenance avait décidé qu'un très-laid Docteur fe rencontrerait
avec une catin, dans une maifon tierce, où
ni l'un, ni l'autre n'avaient encore paru; le
tout afn qu'il y eût un éclairciffement dont
le réfultat fût, pour l'infortuné Docteur, la
néceffité de reprendre un vilain mal, qu'ailleurs il aurait eu la fortune d'inoculer? telles
étaient nos réflexions. Il n'y avait que d'Af-

pergue qui pût fournir le mot de cette con-
fuse énigme. „

„ Au bout de dix minutes celui-ci reparut,
ayant sur le poing Mimi de Moisimont chif-
fonnée, décoëffée, le regard mi-parti de tempérament & d'ivresse, mais ne paraissant pas
s'embarrasser de tout cela. D'Aspergue, d'un
ton préparé, nous annonça qu'après une *consultation* savante, & dont la malade avait
lieu d'être pleinement satisfaite, le Docteur
venait de s'échapper, devant prendre la poste
à la pointe du jour pour d'autres consulta-
tions à faire en Province. Il avait mal-adroitement imaginé, disait d'Aspergue, que ces
Dames s'étaient rétirées pour ne plus reparaître; en conséquence il partait sans avoir
eu l'honneur de les saluer, mais il priait
qu'on les assurât de son respect & de tout
l'empressement qu'il aurait à venir leur faire
sa cour dès qu'il rentrerait dans la capitale.

CHAPITRE XXVII.

La rose a des épines.

SAINT-LUBIN venait d'avoir l'aveugle ou
clairvoyant bonheur de se donner un tout
petit *breland de huits*, auquel deux brelands

supérieurs s'étaient imprudemment attaqués,
ne pouvant gueres prévoir que le premier fût
quarré. Le coup, qui se trouva très-fort,
ainsi gagné & payé, le prudent Saint-Lubin
plia bagage, cédant sa place à Mad. de Moisimont. Celle-ci n'aimait apparemment pas
à demeurer oisive; car, dès sa rentrée dans
le sallon, elle avait marqué la plus vive impatience de tenir des cartes. „

„ D'Aspergue devenait vacant : l'occasion
était belle pour Mad. de Floricourt. A l'affut,
&, se composant trop bien pour qu'on pût
la soupçonner le moins du monde d'être au
fait du *réel* de la consultation, elle engagea
sur le champ à dîner pour le même jour le
dépositaire unique de ce grand secret qui piquait notre curiosité. Elle voulait, disait-elle
à d'Aspergue, le prier d'une commission de
quelque détail, dont il était impossible de lui
parler devant tant de monde & si tard. Mons
d'Aspergue qui, malgré sa tiédeur naturelle,
n'est pas plus qu'un autre exempt de fatuité,
se sentit vivement chatouillé par cette invitation, d'un heureux présage pour certain
amour intermittent, dont une ou deux fois
par mois il pétillait quelque faible étincelle
en l'honneur de Mad. de Floricourt, bien
éloignée au surplus d'y prendre garde avec
intérêt. L'invité, dans un de ses momens de
rare chaleur, répondit que bien qu'il eût for-

mé le projet de dîner à l'autre extrémité de
Paris chez des gens qui l'attendaient de jour
en jour depuis une femaine, il différerait encore de remplir ce devoir, puifqu'il allait
être affez heureux pour fe voir employé par
la perfonne de l'univers qu'il refpectait le
plus & qu'il était le plus jaloux de fervir.
Son enthoufiafme alla même jufqu'à baifer le
gant de la belle Dame, avec affez de mouvement pour qu'on pût s'en appercevoir. „

„ Affurée de fon homme, Mad. de Floricourt
venait pour me retenir auffi, mais la divine
Belmont l'avait déjà prévenue. = Chevalier ?
m'avait dit celle-ci, je ne vous propofe pas
de vous dérober à tous les yeux, & d'aller
attendre dans l'une de nos céllules, que tous
ces gens-là, dont je commence à m'ennuyer
fort, ayent fait retraite. Nous nous fépare-
rons bravement à la face de l'univers, mais
demain (ou plutôt aujourd'hui, car nous y
fommes) vous dînerez ici, nous vous me-
nerons aux Français; après quoi, revenant en-
fermer avec nous l'Amour, le Myftere & le
Plaifir, nous mettrons la derniere main à
l'œuvre délicieufe de notre indiffoluble
union? = Que n'étions nous encore au boudoir fortuné! la magique Belmont s'y ferait
bien vîte convaincue qu'un délai de vingt
heures était un fiecle pour des defirs auffi vifs
que ceux qu'elle venait de rallumer... L'ap-

H 3

proche de Floricourt pouvait feule en brifer
le foyer, les faifant diverger en partie fur
elle-même... Mais ce qui fur-tout eut bientôt
fait de calmer la tempête de mes fens, ce fut
l'impatience de fe retirer que vint à marquer
Mad. de Flakbach, & la priere qu'elle me fit
de la ramener moi-même, ajoutant tout bas
que pour un empire elle ne rifquerait pas de
faire tête-à-tête avec cet Egypan de St Lubin,
le trajet de la Barriere blanche à la Monta-
gne Ste Genevieve....,

„ Miféricorde! mes pauvres chevaux qui n'é-
taient pas rentrés depuis cinq heures du foir!
las! affamés! Quel crime avaient-ils commis
pour que cette antique bégueule les condam-
nât à faire ainfi, par un tems déteftable, une
grande lieue de plus! Et je voyais, pour que
j'enrageaffe mieux, ce damné de St Lubin,
fouriant derriere la noble haquenée, avec
l'air de me complimenter ironiquement : alors
je ne connaiffais point encore ces défaites
de *Roués*, au moyen defquelles on peut avoir
l'impertinence d'éluder une reconduite peu
defirable. Perfonne ne venait à mon fecours,
pas même l'amoureux Moifimont qui, ce me
femble, aurait bien dû fe ménager la jouiffance de poffeder fa Dulcinée fur fes genoux
dans le fameux remife, en cinquieme; mais
le fort ordonnait ainfi de ma difgrace. Je
m'armai de courage &, la bouillotte durant

encore, je partis, me chargeant de la fatale
Mad. de Flakbach... == ,, Vous souriez ? ——
C'eſt que tout-à-l'heure il va ſe trouver que
je connais encore cette femme là! continuez
cependant: la ſuite m'apprendra ſi j'ai deviné juſte.

,, Nous allions, & mettant à profit la levée
de bouclier que cette pointilleuſe femme
avait trouvé bon de faire ſur le remuant St
Lubin, je me gardais bien de bouger, ni de
mêler nos jambes. Trouſſé ſous moi comme
une volaille rôtie, je cheminais triſtement,
ſans donner à Mad. la Baronne le plus petit
ſujet de plaintes. == Mon Dieu, Monſieur le
Chevalier, me dit elle, mettez-vous plus à
votre aiſe : étendez-vous. == En même tems
pour m'en démontrer la facilité, la voilà qui
s'écarte, & ſe trouſſe aſſez haut pour qu'à la
faveur du flambeau d'une voiture qui croiſe la
nôtre, je puiſſe voir les deux tiers des plus
maigres échaſſes. Aſſurément, pourſuit-elle,
ce n'eſt pas l'entremêlement, comporté par
le vis-à-vis, qui m'a choquée ce ſoir de la
part de ce poliſſon d'Abbé, mais c'eſt.... je
ne ſais quel ton qu'à propos de la même né-
ceſſité... des gens, comme vous par exemple,
ſont incapables de ſe permettre avec une femme de ma ſorte... Point de façons ; alongez-
vous, mon fils... Ne craignez pas de m'incom-
moder.... Votre chapeau vous embarraſſe : je

veux le prendre fur mes genoux : donnez...
— Madame, je ne fouffrirai pas. — Donnez.
vous dis-je. = Et de me difputer mon pauvre chapeau, fi frais, fi bien retapé, dont
elle joue à martyrifer la plume ! Il vaut mieux
le lui abandonner ; céder à tout, gliffer enfin
tout de leur long mes jambes qui fe trouvent
auffitôt embraffées & prefque bleffées par les
os des fiennes. C'était hélas ! tout ce que je
pouvais faire naturellement pour obéir au
commandement de m'*alonger*... Mais à peine
à la place du Caroufel, il me fallut preffentir
quelque chofe de pire encore, dont me me-
naçait notre funefte tête-à-tête. „

CHAPITRE XXVIII.

Pas de clerc. Leçon pour la jeuneffe.

IL eft inutile, ma chere Félicia, de vous
filer cette fituation : aucun art ne la rendrait
intéreffante ; aucune excufe ne fuffirait à me
juftifier. Sachez feulement que le deftin m'a-
vait fait tomber dans un guet-à-pens déteftable. Cette Flakbach avait de plus loin un
impudent projet ; mais comme, ni le plus
léger propos, ni la moindre liberté de ma
part ne pouvait amener quelque chofe d'ana-

logue à ſes vues, il ne reſtait à la dévergondée que la reſſource du début actif le plus dé-
maſqué. Nous n'étions pas encore au Pont-
Royal, que déjà cette Putiphar prenait ſur
moi ſa revanche des ſottiſes qu'apparemment
St Lubin lui avait faites. „

= A ton âge, beau Chevalier, diſait-elle,
& quand on n'eſt pas encore bien au fait des
uſages de cet heureux pays, ce qui t'arrive
a de quoi ſurprendre, j'en conviens ? mais au
mien, par contre, on fait argent de tout :
on craint de s'avouer à ſoi-même que peut-
être on n'inſpire plus rien : ſur ce pied, dans
un tête-à-tête de voiture, ne fût-ce qu'avec
un Cavalier infiniment au-deſſous de tes agrémens, j'aime bien mieux me donner le ridicule d'une fille, que de m'expoſer à l'affront
d'un inſultant reſpect... — Cependant, Madame, vous étiez furieuſe contre l'Abbé,
qui n'avait pas été reſpectueux ſans doute ?
— C'eſt bien différent : nous étions trois ;
& le garnement mettait, comme à deſſein,
ſi peu d'adreſſe à des manieres... que d'ailleurs il eût pu rendre agréables... Suffit : je
ne ſais comment cet honnête Docteur ne s'appercevait pas... Mais revenons à nous... Je
diſais que, de peur de n'être point attaquée,
j'attaque volontiers la premiere. D'honneur,
c'eſt moins *la choſe* elle-même qui m'intéreſſe,
que le plaiſir de m'aſſurer que j'y ſuis tou-

jours bonne. J'aime à mettre les gens dans
l'état heureux où te voilà. Quand c'eſt à ſi
peu de frais, ce ſuccès me rend toute fiere;
il m'aſſure du *charme* qu'ont encore des ap-
pas moins effacés par les ans, que peut être
fatigués de leurs innombrables triomphes. Il
eſt vrai que juſqu'à préſent aucune eſcarmou-
che, dans le genre de celle-ci, n'a manqué
de tourner du moins à ma gloire, quand je
n'ai pas voulu que ce fût, comme à préſent,
à mon bonheur. ═══ A ces mots, l'enragée
s'enlace autour de moi, m'attire, me ſou-
leve &, d'un pied, fait tomber le couſſin
ſur lequel je venais d'être aſſis... ,, ═══ Voilà,
m'écriai-je, une coquine d'un genre bien étonnant. Ce ne peut être que la femme à laquelle
j'avais penſé d'abord. Son âge ? — Vingt-huit
ans avoués, c'eſt-à-dire une dizaine de plus.
— Sa figure ? — Encore aſſez piquante, mais
ſucée ; & toute d'art. — De la tournure pourtant ?— C'eſt là ſon principal agrément. —
De grands airs, n'eſt-ce pas ? — Vous y voilà.
Le port & les manieres d'une Sultane de tra-
gédie. — Vous y voilà vous même : car...
croyez vous peut-être avoir fait le caprice
d'une femme de qualité ? — Pour cela du
moins, j'en ſuis certain ; c'eſt le ſeul beau
côté de ma pitoyable aventure. — Je vais,
mon cher, vous ôter cette futile conſolation.
Votre conquête s'eſt nommée, pendant plus

de vingt ans, la B... Après avoir infatigable-
ment brillé fur les tréteaux de toutes les
Provinces; ayant dévalifé chemin faifant, je ne
fais combien de Barbons enthoufiaftes du co-
thurne, cette illuftre fe trouvait enfin à la
tête d'un affez folide revenu de vingt-cinq à
trente mille livres. La longue habitude d'être
Princeffe quelques heures par jour, l'avait
mife tout de bon dans le goût des grandeurs,
il lui prit un beau matin fantaifie d'époufer
certain vieux fardanapale de Baron, qui,
n'ayant plus un écu, proftituait depuis quelques années, fur le pavé de Strasbourg, un
nom qu'on dit honnête, & de ces décorations
dont l'Allemagne eft volontiers prodigue.
Ainfi métamorphofée, & le vil Baron duement confiné dans un coin de l'Alface, fous
peine de n'être point payé des quartiers d'une
penfion modique, prix de fon déshonneur,
Mad. la Baronne vint s'établir à Paris, où,
par bonheur, elle était peu connue. Bientôt
on la vit par-tout, faifant fonner très haut
fon titre & fon rauque nom, qui m'était toujours échappé, mais que vous m'avez enfin
rappellé à force de le redire. N'eft-ce pas qu'à
table vous aviez vu cette fanfaronne étaler
faftueufement une groffe boëte d'or dont le
deffus offrait un large portrait? — Je vis la
boëte, & j'y admirai fon Excellence le haut
& puiffant Baron, bardé de fes cordons com-

me le Vénérable d'une loge. Mais comment
foupçonner fon époufe de ne pas le valoir
au moins pour la qualité *!* Son air de Cour !
le refpeét du Plénipotentiaire & prefque du
grand Chanoine pour elle ! — Oui : du premier, par baffeffe ; & du fecond, par efprit
de corps : car, au rebours du Français, l'Allemand affeéte toujours d'honorer beaucoup
chez autrui, l'attribut dont il peut lui-même tirer quelque orgueil. Un noble Allemand
en prononçant le nom d'un égal par la naiffance, ne penfe point à l'individu qui a pu
s'avilir, mais à la famille qui eft confidérée,
& ce préjugé vaut bien fans doute la philofophique méchanceté dont chez nous on fe
pique en pareil cas... Un mot encore au fujet
de votre altiere conquête : vous daignâtes
l'*avoir*? — Eh mais... quel moyen de m'en
difpenfer! — Non (dis-je en me levant furieufe) votre fâle roman ne peut plus être
écouté : fi quelque mendiante couverte de
haillons vous demandait la paffade au lieu
d'aumône, je vous vois homme à la fervir
fur une borne en plein jour. — Que je fuis
malheureux! Daignez m'écouter de grace...

CHAPITRE XXIX.

Qui doit ajouter encore à l'impatience du Lecteur.

L'HUMILIÉ Monrose venait de tomber à mes pieds. Ses beaux yeux roulaient déjà des larmes. Je craignis pour lors de l'avoir trop sensiblement mortifié par cette explosion d'un mépris momentanné dont je n'avais pas été maîtresse. Mais, avec le meilleur caractere du monde, le plus cher de mes amis pouvait-il manquer d'aller de lui-même au-devant de ma justification! === Je sens jusqu'au fond du cœur, me dit-il, ce que votre colere, quoiqu'outrée, a d'obligeant pour moi. Si vous ne daigniez pas prendre à votre éleve autant d'intérêt...— Mon éleve! Assurément, Monsieur, vous n'avez pas appris de moi... === Je n'osai poursuivre : je me rappellais l'orgie & Géronimo (*) : l'aventure du fiacre & Belval (**)... Je me sentais rougir : le pauvre pécheur me vit à l'instant un visage moins

_____

(*) Félicia, seconde Partie, chapitre 22.
(**) Félicia, quatrieme Partie, chapitre 8.

févere. == Eh bien, ne grondons plus, lui dis-je. Mais fufpendons vos récits : je veux effacer de mon imagination le vilain tableau qui vient de s'y former, d'un pauvre papillon, frais éclos, diapré des plus agréables couleurs, & fur lequel, tandis qu'il fe pavane, s'élance une impitoyable araignée qui, l'entraînant dans fa toile, va le fucer tout vif avec délices... Faifons un piquet== (j'allais fonner) — Il y aurait fans doute un plus agréable moyen de vous diftraire, dit-il en m'arrêtant la main... Je fouriais : déjà les rayons rofés d'une voluptueufe efpérance, faillaient de fon vifage & fe réflechiffaient peut-être fur le mien : mais...

Dans ce moment un de mes gens parut, demandant fi les ordres donnés à la porte étaient auffi contre Mad. de Liefleval qui, bien que refufée par le Suiffe, infiftait pour entrer. Comme je ne voulais pas compromettre fur nouveaux frais mon afcendant en marquant une faibleffe décidée toutes les fois qu'il pourrait être queftion de fceller avec mon pupille, un traité de paix par des faveurs, je me hâtai de dire, à fon grand étonnement, que je recevrais volontiers Mad. de Liefleval. Il y avait d'ailleurs un peu de malice dans mon fait : depuis plus de trois mois, deux êtres avec qui, tour à tour, je me trouvais fans ceffe, n'avaient pas prononcé de-

vant moi le nom l'un de l'autre, & j'avais
même plus d'une fois remarqué comme de
l'affectation à s'éviter. Mais je déteſte trop
les petits comérages, pour que, ſans autre intérêt que la curioſité, j'euſſe penſé jamais à
les queſtionner au ſujet de leur évidente bou-
derie.

C'était autre choſe quand il s'agiſſait d'é-
plucher à fond mon ami, comme je venais
de l'entreprendre. J'allais obſerver, voir quelle
mine ſe feraient mes boudeurs en préſence; & les deviner, s'il était poſſible, me
promettait un plaiſir plus piquant que celui
qu'aurait pu me faire une confidence de leur
part.

Le ſoin extrême que Monroſe me vit mettre à lire ſur ſa phyſionomie, en attendant
l'entrée de ſa ci-devant amante, fit ſans doute
qu'il ſe tint ſur ſes gardes; il ne paraiſſait
nullement agité. Son air fut même reſpec-
tueuſement aiſé quand Mad. de Lieſſeval parut. Elle traînait après elle un vieux Cordon-
rouge, dont il fallait qu'elle ſe fût affublée
depuis bien peu de jours, à moins que, de
plus loin, elle ne m'eût fait myſtere de cette
importante conquête. Bref : on venait me
préſenter M. le Comte de ***.

Lieſſeval était *in fiocchi;* le Barbon, en
grande tenue : ſa perruque imitant la coëffure

de nos plus jeunes habitués de *l'œil de bœuf* (*);
l'habit à proportion. La chauffure feule nui-
fait à l'illufion ; des pieds gouteux & peu trai-
tables n'avaient permis que d'amples fouliers,
décorés au furplus de boucles du plus frais
modele. Une perfide canne encore, auxiliaire
indifpenfable, démentait, en dépit du cof-
tume, l'air de jéuneffe auquel prétendait vifiblement le fexagénaire Adonis. Ce témoin
imprévu fut caufe, à mon grand regret, qu'il
ne put y avoir, entre Madame de Lieffeval &
Monrofe , une explication où je les aurais
malignement embarqués, & qui m'eût fort

(*) Dans le cas où Félicia (*reftée*) traînerait à
fa fuite cette continuation, il fera bon que des notes,
jettées par-ci, par-là, rendent intelligibles certains
mots qui pourront, comme l'*œil-de-bœuf*, n'avoir
plus de fens pour la génération fuivante, fi bien les
enragés de celle - ci s'efforcent d'extirper jufqu'aux
moindres racines de ce qui concerne la Cour. L'œil-
de-bœuf était, à Verfailles, la piece où s'affem-
blaient, foit les Courtifans qui n'avaient pas le
droit d'entrer chez le Roi, foit ceux qui devaient attendre le moment d'être introduits. Aux différentes
réfidences, on nommait auffi l'*œil-de-bœuf*, la piece
qui rempliffait le même objet, quoique celle de Verfailles fût feule dans le cas d'être ainfi défignée, à
caufe de la lucarne en œil de bœuf qui lui fournit
de la lumiere, vu l'infuffifance de l'unique croifée,
défavantageufement placée, qui regarde fur la cour.
Note de l'Editeur.

amufée.

amufée. Au furplus, des regards tour-à-tour
dédaigneux ou foudroyans, tournés de tems
en tems fur ce pauvre Chevalier, m'appre-
naient qu'on l'aimait encore affez pour lui
faire l'honneur de le haïr : il fallait bien d'ailleurs, pour cajoler par ricochet le préten-
tieux Vétéran, victimer fous fes yeux une
adorable créature, à propos de qui le moindre air plus gracieux pouvait faire naître,
chez le vieillard, une dangereufe jaloufie. Si
Monrofe eût été affez *roué* pour analyfer ce
manege, ou affez méchant pour vouloir s'en
venger, fans doute que, jouant le léger, l'a-
vantageux, il eût pu, par quelque fine impertinence, fe faire raifon de l'hoftile Mad.
de Lieffeval : mais avec un fi bon cœur ! &,
fur-tout alors, fi candide, il aima mieux ne
rien laiffer paraître de ce qu'il était fi bien
en droit d'afficher. Certain air de pénitence
& prefque d'interceffion, qui ne pouvait avoir
aucun fens pour le vieux Lieutenant-général,
eut bientôt émouffé les traits d'un reffenti-
ment factice. L'imprudente Lieffeval, raffurée,
(car fans doute elle avait commencé par craindre) redevint par degrés naturelle ; adreffa
la parole ; on lui répondit ; & certainement
la grace de Monrofe venait d'être accordée
in petto, lorfqu'après la courte durée d'une
vifite de préfentation, la glorieufe Baronne
fe leva pour aller montrer ailleurs fon illuf-

trant efclave, objet ce jour là d'une tournée
de vifite, dans laquelle on avait bien voulu
ne point m'oublier.

CHAPITRE XXX.

Suite de la confeffion. Aveu difficile.

— Eh bien ? (dis-je à mon Pupille.) Vous
venez de paffer encore un mauvais quart-
d'heure ? & cela par votre faute. Je gage que
vous avez affez négligé cette femme pour
que vous en ayiez fait une ennemie ? — A
peu près ; au furplus les torts ne font pas
tous de mon côté. Mais remettons à parler
d'elle : ce qui la regarde fe placera naturellement ailleurs... Après le piquet, ou.... fi
vous aimiez mieux vous fouvenir de ce que
je vous propofais d'y fubftituer : — Chut,
chut : (interrompis-je, lui fermant la bouche d'une main qui fut à l'inftant couverte
de baifers) point de mauvaifes penfées. Le piquet était une punition, dont affurément l'al-
ternative n'était pas un excellent procédé,
que pourtant, fi vous vous corrigez, je vou-
drai bien avoir de tems en tems pour vous,
à titre de récompenfe : ramenez moi bien
vîte chez vos Belles de la Barriere blanche,

avec lefquélles fans doute vous allez dîner ?
Sachons ce qu'y dira d'Afpergue du Docteur,
en bonne fortune, avec cette archi-catin de
Moifimont.

„ Je n'en fuis pas encore tout-à-fait au
dîner , répondit le conteur en baiffant les
yeux. „ A l'intéreffante anxiété que trahiffait
fon adorable vifage, je devinai qu'ayant à
m'avouer quelque chofe de bien grave, il
craignait de me trouver peu de difpofitions
à l'indulgence dont il fentait avoir befoin. Cependant il continua :

„ Je fus furpris de ne pouvoir fermer l'œil
à la fuite de ma triple proueffe. Au bout de
deux heures une chaleur incommode m'agi-
ta : je fouffrais, à... ce qu'on ne nomme point,
d'une cuiffon que beaucoup de gêne avec mes
deux amies ne m'avait pourtant point fait
éprouver : comment reffentir les effets de la
ftrangulation à la fuite du trajet le plus commode à travers les pays-bas de Mad. de Flakbach, vraiment tailladée de façon à ne point
eftropier fon monde! Vers le matin, j'ai le
bonheur de m'endormir, mais bientôt une
urgente irritation me réveille; déjà mon linge eft empreint d'une humidité menaçante...
Le léger befoin que je fatisfais me caufe quelque douleur. „

Ici je fus cruelle : frappée, comme au théâtre, d'une fituation inattendue, je ne pus

m'empêcher d'applaudir & de rire à la fois.
= Parbleu, mon cher Monrose, (lui dis-je
d'un air de raillerie plus offensant que des
injures) vous n'avez bien que ce que vous
méritez! — Quoi! cette scélérate de Flakbach
n'avait pas dit *gare* ? — Oh, mon Dieu,
non. — Vous voilà joli garçon! Après. =
Il poursuivit.

„ Avant dix heures mon état fut décidé:
je fis courir Lebrun chez le chirurgien de
l'hôtel : par miracle on trouva chez lui cet
homme; il accourut. Ayant pris connaissance
du cas désastreux, il mit ordre à tout; bar-
bouilla du papier pour l'herboriste, & pref-
crivit un régime... Ne voulait-il pas que je
gardasse le lit! = Quoi! lui disais-je, je ne
pourrai pas dîner quelque part où j'ai promis! — Il s'agit bien de dîner, ma foi! de
la bonne chere? des entremets *ingrédientés*?
des vins? du café? des liqueurs? De la tifane,
morbleu, de bonnes émulfions, de l'eau de
poulet. Vraiment oui! j'irais vous mettre la
bride fur le cou! vous reviendriez en bel
état! Ne traitez pas ceci de plaisanterie, M. le
Chevalier. Votre poulx ne dit rien de bon;
& je ne fais pas s'il ne conviendra point, ce
foir, de vous ouvrir la veine. = Maudite
Flakbach ! infernale empoisonneuse ! voilà
donc ce que me coûte ma sotte complaisan-

ce à ne pas mortifier ton luxurieux amour-
propre! „

„ Cependant, je ne puis me réfoudre à faire
attendre vainement après moi mes céleftes
amies : écrivons... Mais que leur dire! que
mon bonheur fut un éclair, & qu'auffitôt je
me trouve plongé dans les ténébres de l'in-
fortune. „ — Holà, mon cher Monrofe ; abf-
tenez-vous du ton de l'élégie : ou, fans refpect pour votre pitoyable fituation, je pour-
rais être affez franche pour vous laiffer encore appercevoir combien vous m'y femblez
ridicule. =

„ L'Efculape eft à peine forti, que je fais
monter un de mes gens à cheval pour porter à la Barriere blanche la troifieme édition
d'un billet d'excufe qui n'avait pas le fens
commun. Ces Dames, jouiffant d'un fommeil
paifible, le prolongeaient bien au-delà de midi.
Mon émiffaire, croquant le marmot, avait
eu beau pefter, répéter que fa miffion était
de conféquence ; qu'on lui avait recomman-
dé de la faire vîte & de revenir à toute bride,
le refrain de l'imperturbable Portier était qu'*il
avait des ordres*, que fous aucun prétexte on
n'entrerait chez fes Maîtreffes avant le *petit
jour*, & que tout ce qu'il pouvait faire était de
tuer, en buvant avec l'impatient, tout le
tems qu'il lui conviendrait encore d'attendre.
En un mot, il était plus de deux heures lorf-

qu'enfin le poſtillon, mille & mille fois mau-
dit, arriva, m'apportant, dans la plus exi-
gue mais la plus jolie des enveloppes, un
poulet doré, liſſé, fleuronné, muſqué : j'y
lus ce peu de mots écrits en caractéres couleur de roſe : ,, fidelles à nos traités, nous
,, exigeons la même probité de la part de nos
,, Amis : ainſi le cher Monroſe eſt attendu
,, mort ou vif. ,,

CHAPITRE XXXI.

Aſſaut de franchiſe & de généroſité.

,, JE pris à l'inſtant mon parti (continua le
conteur). Debout & n'écoutant guères l'ora-
teur Lebrun, qui rabachait, en m'habillant,
toute la kirielle du menaçant Eſculape, je me
fis donner, dans un élégant négligé, la meilleure tournure qui convînt à mon état de pénitent & de malade... Mes chevaux ſont
mis : je vole à mon rendez-vous. ,,

,, Quoiqu'il fût à peu près trois heures quand
j'arrivai ; ces Dames étaient encore à leur toi-
lette : j'y fus admis. On accourait à moi :
quatre bras amoureux s'entrouvraient pour
m'étreindre ; mais, au lieu de me livrer à
leurs flatteurs enlacemens, je tombe à genoux,

me courbe, & voulant exprimer autant de
honte que de repentir, je couvre de mes
suppliantes mains, des yeux à qui je n'ai pas
même permis la douceur de s'élever jusqu'à
ceux de mes amantes. „

   = Eh bien, eh bien ! (s'écrie la tendre
Belmont.) — Est il devenu fou ? (repart avec
agitation la vive Floricourt.) = On s'incline,
on me releve : mes pleurs commencent à
bouillonner ; mon cœur se comprime : je suis
près de me trouver mal. Mon trouble a bientôt causé celui des plus aimantes créatures.
Dès le premier moment, elles m'ont entraîné
dans un cabinet de bains ; j'y suis un peu
grondé de n'avoir pas fait attention à une
espiegle soubrette, devant qui mon extravagant début peut m'avoir compromis... Il est
tems enfin de dévoiler mon fatal secret... Je
parle net, & sans chercher à fléchir mes ju-
ges quand je suis moi-même pénétré du sen-
timent de ma turpitude, je raconte tout ce
qui m'est arrivé. =

   Si ma confession laisse Belmont consternée,
elle met Floricourt en fureur. Celle-ci s'elan-
ce... = Où cours-tu ? (lui dit avec émotion
sa moins pétulante amie, la retenant par son
peignoir.) — Ecrire à cette Flakbach : je veux
la voir à cheval au bois de Boulogne avant
la nuit ; &, mettant une balle dans la tête
de l'exécrable Messaline, je prétends délivrer

toi , Monrofe, moi , l'Univers entier d'un
monftre qui pourrait fe faire un jeu de mul-
tiplier ainfi fes affaffinats réfléchis... ═ Malgré fa très fincere affiction , Belmont ne put
s'empêcher de fourire. ═ Calme , dit.-elle ,
ce tranfport martial. N'ajoutons. pas à nos
malheurs : que le mépris feul nous venge., &
comme en même tems fes yeux fe tournaient
de mon côté. ──De moi, peut-être ? m'é-
criai-je du ton d'un homme qui craindrait
d'entendre prononcer fon arrêt de mort!
──Non, non, Monrofe : ── non , mon ami,
dirent à la fois mes trop généreufes Beautés. ═ Floricourt femblait avoir auffi-tôt paffé de la colere à l'attendriffement. Tels font
les plus violens caracteres, qui prefque toujours font auffi les meilleurs. ═ Ta franchife,
continua Belmont , tes remords, tout ce
qui décele en toi l'ame la plus délicate, nous
prefcrit de te pardonner ; tu n'as péché que
par la funefte bévue de ton amour-propre
égarant ton ingénuité. Non , mon ami : tu ne
nous a point offenfées : n'eft-ce pas, Floricourt., que nous ne devons pas ceffer de l'aimer ? ── Je le crois : fi pour mon compte,
je voulais me dédire , je ne fais s'il ne me
forcerait à lui tenir parole, en enrageant... ,,
,, Pendant ce récit , je riais fous cape de voir
mon candide Hiftorien entraîné par fa ponc-
tualité jufqu'à fe dire à lui-même, au nom

de fes Belles, d'affez agréables douceurs. Je me gardai bien de l'embarraffer par une obfervation qui, par bonheur, ne fut point devinée.

„ Ainfi, ma paix était faite, continua-t-il. De doux ferremens, des baifers,... mais hélas! fi différens de ceux de la veille, m'affurerent qu'on daignait me conferver une faveur que j'avais fi bien mérité de perdre...

„ A travers ce traité l'on vint avertir que M. d'Afpergue était furvenu. Ces Dames ordonnerent qu'on le fît attendre au fallon. Enfuite, d'après l'avis de Floricourt, adopté vivement par fon amie, & contre lequel s'éleverent envain les fcrupules de ma délicateffe, il fut réfolu que je demeurerais en prifon dans l'hôtel ; pour être foigné fous leurs yeux ; cet état d'efclavage devant, fous peine de rupture, durer jufqu'à ma parfaite guérifon. „

CHAPITRE XXXII.

Eclairciffement orageux.

„ LA certitude de n'avoir, par miracle, rien perdu dans le cœur de mes raviffantes amies, me fit oublier pour un inftant ma facheufe

pofition. Elles acheverent devànt moi de s'ha-
biller. Leur deffein était bien de me facrifier
les Français, quoiqu'il s'agît pour ce jour-là
d'une *nouveauté*, de laquelle on augurait diver-
fement, & dont le fuccès ou la chûte femblait intéreffer tout Paris (*). Mais j'infiftais
pour que, dès ce moment, elles vouluffent
bien me mettre tout-à-fait à mon aife en ne
fe gênant aucunement avec moi. J'obtins
donc qu'elles ne fe privaffent point du fpectacle. „

„ Il me vint une idée, c'était d'engager ces
Dames à permettre que, ne voulant point
dîner comme un homme bien portant, je fei-

(*) O tems de vertige & de léthargie, où l'à propos de quelqu'œuvre dramatique pouvait armer l'une
contre l'autre deux armées de Badauds pour une guerre ridicule qui ne fe faifait qu'à coups d'épigrammes!
On n'avait pas alors l'honneur de *favoir ce qu'on vaut*.
Depuis qu'au lieu de juger des pieces de théâtres, on
s'eft mis à juger les Etats & les Rois, d'autres foins
nous occupent & nous élevent: il eft vrai qu'on s'en-
nuie *à périr* & qu'on *meurt de faim*, mais qu'impor-
te! *on regne*. Et quel fot ne payerait pas du facrifice
de tous les plaifirs imaginables la fatisfaction de pouvoir fe dire : *d'atóme je fuis devenu Roi. J'ai droit
de vie & de mort fur quiconque n'eft pas en tout point
de mon fentiment. Vive le nouvel âge. Bâillons,
jeûnons, & regnons d'autant, & quand le tems nous
durera, tuons & mangeons quelques Rois nos égaux.
Cela ne laiffe pas d'être récréatif.*

gnifle d'avoir fait le matin une chûte de cheval, d'être faigné, & de vouloir obferver fcrupuleufement une diete ordonnée. Elles comprirent en effet, que c'était un bon moyen pour dérouter abfolument d'Afpergue, qu'il s'agiffait d'ailleurs d'occuper de toute autre chofe que de ce qui pouvait m'être relatif. ,,

,, A dîner, quoique d'abord on traitât d'Afpergue avec une affez naturelle familiarité, le pénétrant perfonnage ne laiffa pas de paraître intrigué de je ne fais quel air de contrainte & d'humeur, dont par degrés les amies ceffaient de fe rendre maîtreffes. Floricourt fur-tout décélait par moment une impatience expreffive : il lui tardait que le *fervice des gens* finît pour que nous fuffions enfin feuls. ,,

= Mon cher d'Afpergue (dit-elle pour lors) vous faites fans doute quelque eftime de nos perfonnes & de l'accès que vous avez dans cette maifon ? il va dépendre de vous tout-à-l'heure de le conferver, ou de vous fermer à jamais notre porte. Il s'agit de nous inftruire, en ce moment, avec autant de détail que de vérité, de tout ce que vous pouvez favoir concernant votre Docteur d'hier & celle des Provinciales qui a confulté fa fcience... — Il eft aifé, Madame... — Ne m'interrompez pas. D'abord : répondez nettement à cette queftion. Quand vous avez abouché, dans notre maifon, ces deux perfonnages, faviez-vous qu'ils fe font connus ailleurs? (A cette brufque attaque le blême d'Afpergue eut prefque de vives couleurs.) N'héfitez pas, ajouta la vive Floricourt, il nous faut la vérité : elle feule peut aider à vous abfoudre. — Eh bien, Madame, (répondit-il, non fans effort) j'avoue que j'étais inftruit d'une liaifon antérieure entre les perfonnes dont vous vous informez. — Ainfi, Monficur, vos demi-confidences étaient un piege? & dans l'intrigue de l'entrevue que vous avez procurée, avec affez d'artifice, c'était Mad. de Belmont & moi que vous trouviez bon de myftifier ! Nous vous demanderons tout-à-l'heure à quelle fin? Maintenant favez-vous ce qui peut s'être paffé de plus qu'une prétendue confultation dans l'arriere-fallon, avant que vous y fuffiez appellé? — Une explication très-importante fans doute. — Et quoi encore. (Floricourt pétillait de colere.) — Quoi? Madame! s'il m'était permis d'interprêter l'agitation où je vous vois, j'aurais lieu de craindre qu'on n'eût abufé... — Vous y voilà : vos infolens préfentés y ont fait ce qu'on ne fe permet hors de chez foi, qu'en des lieux... dans lefquels au furplus l'un & l'autre m'ont bien l'air d'avoir fait leur cours d'éducation. — Vous m'atterrez, Madame. D'honneur fi j'avais pu foupçonner le moins du monde des perfonnes aux-

quelles j'ai pris jufqu'ici beaucoup d'intérêt, d'être capables de manquer au refpect
que vous êtes faites pour infpirer... Je vous
jure... — Point de ferment, Monfieur ; il faut
vous en croire fur un fimple aveu : d'abord
en confidération de nous mêmes, qui favons
nous rendre juftice ; enfuite à caufe de vous ;
car fi vous pouviez avoir, dans tout ceci,
le moindre tort de plus que l'imprudence
d'un homme fuperficiel, & qui fe jette volontiers à la tête des premiers venus, il ne
nous ferait plus poffible de vous voir. Au fait
enfin, déclinez-nous fans la moindre ambi-
guité tous les rapports qui exiftent entre vos
impudens perfonnages. Monfieur (*en me montrant*) n'eft point de trop. Témoin avec nous..
— Témoin, s'écrie d'Afpergue ! je fuis pétri-
fié ! Quoi ! devant vous !.. — Peu s'en eft fallu ;
de même que nous avons tout entendu, nous
rifquions de tout voir, fi, à l'inftant d'ouvrir une porte, l'indifcrétion d'un bavardage
affez bruyant ne nous eût avertis de ce qui
fe paffait. — Oh ! fur ce pied, Madame, (re-
partit d'Afpergue avec un mouvement d'in-
dignation fortement prononcé) je vais vous
dire tout ce que je fais, & me confeffer ainfi
de ma part, très-véniele, d'une faute que je
détefte. Heureux fi je puis, après mêtre jufti-
fié, vous paraître digne d'un pardon que vous
ne pourriez me refufer fans faire le malheur
du refte de ma vie. „

CHAPITRE XXXIII.

Comment, en Province, on réuffit à finger Paris.

JE réclame votre indulgence, ami Lecteur, pour ma maniere de conter, dont j'avoue la bifarrerie, mais qui eft d'habitude, & qu'il n'eft pas en mon pouvoir de réformer. je fens ce que vous devez avoir de peine à fui- vre des yeux dans l'air, une balle que plu- fieurs joueurs lancent & fe renvoyent tour-à- tour. C'eft tantôt moi, tantôt Monrofe qui parle : un moment après quelque perfonnage épifodique s'empare du récit. Tous ces bonds doivent fatiguer votre attention & votre complaifance à me fuivre, mais fouffrez une petite comparaifon. Autrefois, un Roman, de même qu'une hiftoire qu'il repréfente, étoit un jardin régulier, un parc, où fe fai- fait remarquer une fymétrique ordonnance : le goût a changé. Maintenant on fe plaît dans de petits dédales tortueux, & l'on y fait grace au défordre du tout, pourvu que chaque partie préfente quelque chofe d'agréable. Ima- ginez-vous, cher Lecteur, que cette rapfodie eft un jardin anglais. Pardonnez-moi la con- fufion que vous y rencontrez, & foyez con-

rent pourvu que, chemin faisant, quelques
détails du moins supportables, vous occupent.
Vous serez bien surpris à la fin, de voir que
rien de ce que je vous aurai conté n'était inutile. Je conviens qu'il n'y a pas d'étoile au
milieu de mon parc, & qu'il y manque une
grande & belle allée, au bout de laquelle
vous puissiez voir, de très-loin, la décoration du dénouement; mais errez toujours sur
ma parole; je ne vous égarerai point, &
nous arriverons enfin quelque part. Sur ce
pied, commencez dès maintenant à trouver
bon que d'*Aspergue*, *parlant devant Monrose*
qui me met au fait de ce que je vais vous dire,
les détails suivants vous parviennent ainsi de
la quatrieme main.

,, Mimi, dit d'Aspergue, fut un enfant gâté.
Son pere, très-estimable Magistrat, l'adorait,
& lui faisait donner une excellente éducation,
à laquelle une mere étourdie & folle de plaisir, était incapable de présider. Mais ce galant-
homme mourut trop tôt. Celle qui lui survi-
vait, crut marquer aussi beaucoup de tendresse
à leur fille unique, en la faisant exister, encore enfant, comme elle-même se plaisait à
vivre, c'est-à-dire dans le tourbillon du monde & des amusemens; libre, entourée, sans
Argus qui veillât sur sa conduite; sans qui
que ce fût de sensé qui pût, au besoin, pré-
venir ses étourderies, où la mettre sur la

voie des louables habitudes. A feize ans,
Mimi favait tout, & parlait de tout ce qu'une
Demoifelle doit faire du moins femblant d'i-
gnorer. Les lectures fortes en tout genre lui
étaient familieres : très-jolie, ayant de la
grace ; muficienne, danfeufe diftinguée, elle
ne pouvait manquer de faire des pafions.
Tous ces Galantins d'une ville de Province
qui n'ont autre chofe à faire qu'à foupirer en
vers, en profe, pour une Iris, étaient cou-
chés fur fa lifte. Mimi, fiere & même hautaine, (c'eft fon malheureux défaut) n'avait
garde de favorifer aucun de fes amans often-
fibles ; leur *fervage* alimentait fa vanité. Sa
rigueur, à travers tant d'occafions d'être faible, lui faifait, dans fa Province une réputation. Mais on n'a pas impunément dix-huit
ans enfin, la tête pleine des plus chatouilleux
romans, & le cœur électrifé par une cohue
d'adorateurs, dont plufieurs abjurant le fentiment, attaquaient avec de plus fûres armes.
Le *mezzo-terminé* que Mimi choifit entre fon
orgueil & fes fecrets defirs, fut de fe donner
Vanidor, acteur d'une troupe qui chaque hyver fe fixe dans la ville où demeurait notre
Héroïne. Vanidor, bon Muficien, donnait
des leçons ; non-feulement il pouffa Mimi
dans l'art du chant, mais il perfectionna fur-
tout les admirables difpofitions qu'elle avait
à devenir, avec l'aide des libertins, la plus
dévergondée

dévergondée des femmes dans le tête-à-tête,
fi elle pouvait conferver, avec beaucoup d'hypocrifie, le *décorum* d'une honnête perfonne,
en public. On était bien éloigné d'imaginer
que Mimi pût favorifer quelqu'un ; mais fi
l'on avait voulu lui faire cette injure, on
aurait nommé toute la ville avant de penfer
à Vanidor, capricieufement traité, mortifié,
ravalé plus bas même que ne le comportait
fon état de Comédien & de Coureur de ca-
chet. Tel eft le caprice des humains que Vanidor, mieux accueilli, plus agréablement fa-
vorifé dans d'autres maifons, préférait pourtant fa tyrannique maîtreffe & ne pouvait
s'en détacher. Il avait une autre faibleffe, &
c'eft celle qui le perdit. D'affez heureufes fortunes dans la bonne fociété ne le rendaient
point infenfible aux dangereufes agaceries de
celles des Dames du fpectacle qui pouvaient
faire cas de fon talent au boudoir. Vanidor
faifait volontiers leur partie ; une carogne de
Duègne le gâta. Des germes corrupteurs dont
le développement devait par malheur être
lent, furent difféminés par lui, bien avant
qu'il s'en fentît infecté lui-même. L'altiere
Mimi fur-tout en avait outrément fubi la
contagieufe inoculation. C'était vers la fin de
l'année-comique. (*)

(*) On fait que c'eft, en Province, huit jours avant
Pâque.

Premiere partie. K

Vanidor partit avec sa troupe, de laquelle
il demeura toutefois quelques traîneurs,
écloppés déjà, comme il devait bientôt l'être
lui-même. „

Cependant les roses de la belle Mimi pâlis-
saient à vue d'œil; une teinte jaunâtre étei-
gnait sa carnation; ses levres devenaient vio-
lasses. Voilà dès ce moment toute la clique
amoureuse en allarmes, & s'écriant que la
Nature piquée d'avoir vainement pressé l'ingrate Mimi de lui payer son tribut, l'aban-
donne, & la menace de ruiner ses attraits.
L'occasion était belle pour redoubler de galants transports; pour jetter le gant à l'in-
terne ennemie de la beauté; &, sans figure,
pour solliciter la main de l'attrayante malade. Le tendre, le galant, le passionné Moisimont, Coriphée de la jeunesse de robe du
lieu, l'homme à la mode, l'ex-favori de la
mere, de cette mere qui, pour être elle-
même plus indépendante, brûlait de se débar-
rasser de sa fille; en un mot, l'heureux Moisimont fit pencher la balance en sa faveur; il
épousa. „

„ Cette grande victoire était à peine rem-
portée, que Vanidor, enfin pleinement éclairé sur son état-propre, & en même tems
averti par Saint-Far, (l'un de ses camarades
demeuré en arriere) que la belle écoliere venait de se marier pour tâcher de guérir d'une

maladie ordinaire aux Jouvencelles trop auſ-
teres dans le célibat; Vanidor, dis-je, ne
pouvant donner dans le ſens littéral de cet
avis, fut à l'inſtant de quelle nature était
l'indiſpoſition de ſa fringante écoliere; il lui
écrivit une lettre que ce Saint-Far devait remettre en main propre... — Nous ſommes
au fait de cette circonſtance (interrompit
Mad. de Floricourt), nous ſavons que par
un mouvement de hauteur aſſez ridicule, la
Moiſimont brûla, ſans le lire, un écrit qui
pouvait la ſauver: allez. — M. de Moiſimont
(continua d'Aſpergue) avait beau travailler
de tout ſon pouvoir à déraciner certaines
fleurs dépravées; le jardin de ſa chere Mimi
s'obſtinait, comme de raiſon, à n'en pas pro-
duire de plus bénignes: bien loin de là. Mais,
par bonheur pour une épouſe trop près d'ê-
tre reconnue bien coupable, M. de Moiſimont, en dépit de ſa belle paſſion, avait
eu lui-même un inſtant de ſuccès auprès de
certaine Directrice qui s'était donné de grands
mouvemens pour avoir des partiſans dans la
Magiſtrature; le délicat époux vint donc à
ſe perſuader que, loin de devoir s'en prendre
à ſa moitié, d'un accident très-déclaré dont
il ſouffrait beaucoup, il avait au contraire à
ſe reprocher d'avoir communiqué, ſans doute, à ſon *ingénue*, un ſecond mal plus funeſte
que celui dont il s'était flatté de la guérir.

K 2

Quel abus de confiance de fa part! Qu'l outrage à l'Amour! Quel crime!... Dès-lors, il
s'empreffe, il prie fur tous les tons celle qu'il
croit être fa victime, de permettre que la
Faculté prenne enfin connaiffance de fon état.
Elle, de refufer & d'affurer avec une fécurité
qui la juftifie de mieux en mieux, que le remede naturel dont elle attend fa guérifon, eft
trop doux pour que jamais elle effaye d'un
autre. Bref, avec un caractere affez mou, M.
de Moifimont ne pouvant rien gagner fur un
efprit altier qu'effarouchait le feul nom du
devoir, & le vilain mal ne laiffant pas d'ag-
graver fon outrage, il fallut bien ufer de dé-
tours pour tâcher d'arriver enfin au but d'un
traitement. Ici, Mefdames, je commence à
jouer quelque rôle dans les mutuels intérêts
de la jeune perfonne & de l'innocemment
perfide Vanidor. ,, Le café qui parut permit
à d'Afpergue de refpirer : comme lui je re-
prends haleine.

CHAPITRE XXXIV.

Dénouement de la scene du Docteur.

„ Vanidor, continua d'Aspergue, venait
d'être appellé à Paris pour doubler en troisieme un emploi, à l'un de nos plus honorables
théâtres. Je le connaissais de longue date,
nous nous liâmes plus étroitement. J'étais
aussi le Correspondant littéraire de M. de
Moissimont, fort jaloux de brillotter dans les
petites congrégations académiques. Un jour,
comme je nommais ces époux en présence de
Vanidor devenu à Paris M. de Rosimont, il
parut enchanté de trouver inopinément quelqu'un qui pût devenir un intermédiaire pro-
pice entr'eux & lui : cette convenance me
valut d'apprendre son épineux secret. „

„Le résultat de différentes conversations que
nous eûmes à ce sujet, fut que j'attirerais à
Paris M. de Moissimont, en le flattant qu'il
y percerait au moyen de son porte-feuille,
duement bourré de pieces fugitives. Les in-
téressés une fois rapprochés, ce serait des
circonstances qu'on prendrait conseil pour se
rencontrer, se parler, & faire enfin cesser le
mal-entendu des indispositions de la belle

K 3

Provinciale. Celle-ci avait beau jeu contre
fon époux, fur qui fe trouverait bientôt tomber à plein tout l'odieux de la commune maladie. La feule difficulté qui reftât d'après ce
plan, naiffait de la bégueulerie de Mad. de
Moifimont, qui, plus hautaine encore dépuis
qu'elle était devenue Préfidente, ne confen-
tirait jamais à revoir, pour un éclairciffement,
M. de Rofimont, plus obfcur à Paris à la
troifieme place, qu'il ne l'était *primant* en
Province. — Ecrire? — Il craignait de fe
compromettre. Je refufais avec obftination
d'être porteur de paroles. „

„ Entre tems, les époux arriverent ; Rofimont affez intelligent myftificateur, imagina
le déguifement que nous avons vu, fous lequel encore je ne voulais même pas me char-
ger de l'introduire directement chez fa Belle.
A la fin, preffé, fupplié, tourmenté.... je
jettai les yeux fur votre maifon ; efpérant
peu, je vous l'avoue, de vous engager à mettre du vôtre dans une bonne action qui regardait une femme à laquelle vous ne pouviez
prendre intérêt ; mais votre infinie bonté... „
— C'eft affez, interrompit Mad. de Floricourt ; du moins notre motif peut faire excufer notre exceffive étourderie.... — Mille &
mille pardons, Mefdames, ajouta d'Afpergue ; je croyais vous donner hier, à ce fouper, une fcene amufante qui ne ferait enfuite

devenue férieufe que pour les deux individus
intéreffés, mais tout nous a contrarié. M. de
Moifimont, que nous fuppofions devoir faifir avec enthoufiafme l'occafion d'un Docteur
Bel-efprit, dont je faifais un grand éloge, eft
allé, je ne fais à propos de quoi, fe concen-
trer dans une fotte admiration pour une mo-
mie! Vous-même, Mefdames, vous étiez à
mille lieues de nous, & je ne vous ai pas reconnu, je l'avoue, cette attention enchan-
tereffe qu'à l'ordinaire vous favez fi bien partager entre toutes les perfonnes qui ont le
bonheur de vous approcher? Le faux-Doc-
teur ne tarda pas à s'appercevoir que fes fraix
généraux d'amabilité feraient en pure perte
auprès de vous, dont fur-tout il brûlait de
mériter le fuffrage; il lui convint donc de fe
renfermer dans le petit cercle de trois ou quatre perfonnes qui l'écoutaient, & defquelles
par bonheur s'eft trouvée celle qu'il avait ex-
clufivement intérêt à fixer... ── Le cahos fe
débrouille un peu pour moi; (dit, en l'in-
terrompant, la charmante Belmont) une feule
chofe me chiffonne l'imagination : comment
votre Docteur Rofimont, qui, ne vous en dé-
plaife, ma paru épouvantable, peut-il, une
fois dans fa vie, avoir plu? ── Pouvez-vous,
belle Dame, me faire férieufement cette queftion enfantine! Ce paquet, ce Rondon à trogne cramoifie, eft au naturel, un fort joli

garçon, au vifage plein, mais fans boufliffu-
res ; il avait hier, fous fes joues, deux grof-
fes figues feches, afin de les exhauffer : auffi
aurez-vous pu remarquer qu'il avait quelqu'embarras à parler, & qu'il n'a pris qu'un
bouillon. Ses fourcils blonds étaient conver-
tis en deux arcs larges, durs & rapprochés,
peints au charbon de liege. La perruque hor-
riblement defcendue fur le front, ajoutait au
ridicule affecté de ce vifage, dont la barbe
bleue était encore un effet de l'art. Quant au
mannequin, le ventre, les cuiffes, les jambes,
les bras, tout était exagéré au moyen de
couffinets & de bandages, jufqu'à concurrence de remplir un vafte habit, pris à la
friperie. Si par accident vous vous fuffiez
avifées d'ouvrir cette fatale porte de laquelle
vous avez tant approché, vous euffiez vu le
faux Docteur délivré de fa laidement belle
perruque, de fon noir, de fon rouge, de fon
bleu, fans ventre &c.; vous euffiez compris
alors que fon ridicule embonpoint n'était,
du haut en bas qu'impofture. D'après ces détails, vous concevez comment le démoli
Docteur ne pouvait reparaître au fallon. C'é-
tait pour favorifer fa retraite qu'on m'appel-
la. J'étais utile pour procurer un fiacre, qui,
à la porte de derriere, a reçu l'ex-Docteur
reconduit, avec fa défroque, jufques là, par
moi feul...

Daignez me juger maintenant, & voyez
si, proteſtant en homme d'honneur, contre
tout ce qui n'a pas été la comédie & l'explication, je dois (pour avoir fait une bonne
action, avec des moyens imprudens ſans doute) perdre l'eſtime & l'amitié de deux per-
ſonnes à qui je ſacrifierais, ſans héſiter, les
trois quarts de mes innombrables connaiſ-
ſances.

CHAPITRE XXXV.

Qui n'a pas beſoin d'argument.

═ Ecoutez, mon cher d'Aſpergue, lui dit
Mad. de Floricourt; pour mon compte, &
je penſe que Belmont penſera comme moi,
je veux bien ne plus vous jetter le chat aux
jambes à propos de tout ce *micmac* d'hier,
mais voyez à votre tour ſi vous êtes homme à remplir les conditions auxquelles nous
pourrons vous abſoudre.— D'avance, je ſouf-
cris à tout. — Eh bien : vous trouverez bon
de ne nous voir, juſqu'à nouvel ordre, qu'à
nos loges, dont vous ſavez les jours ; & vous
aurez grand ſoin de ne nous propoſer jamais
de recevoir qui que ce ſoit, qui n'aurait que
vous pour nous en répondre. ═ La pilule

était amère fans doute pour un homme infiniment jaloux de s'entremettre, & qui fe
fait peut-être on ne fait quelle reffource d'im-
patronifer les étrangers. Il n'ofa pourtant
murmurer contre un arrêt qui du moins lui
laiffait pour lui-même une pierre d'attente.
== C'eft encore vous, continua Mad. de Floricourt, qui nous avez malheureufement em-
bâtées de cette Flakbach. — Ah, Madame!
(fe hâta d'interrompre le raffuré d'Afpergue)
vous n'avez du moins aucune plainte à porter
contre celle-ci, de laquelle, au contraire,
vous m'avez fait quelquefois l'éloge. == Floricourt, déjà rouge de colere, allait s'em-
porter & peut-être en dire trop; l'adroite
Belmont lui fit à propos un figne, & prenant
la parole avec dignité, mais fans aigreur :
„ == Eh bien, Monfieur, dit-elle, maintenant des raifons, dont il ne nous plaira de
rendre compte à perfonne, nous font un devoir de ne nous rencontrer jamais avec cette
femme, & nous aviferons aux moyens de le
lui faire favoir. ==

Le rôle du maladroit d'Afpergue n'était
plus foutenable. == Mefdames? dit-il en fe
levant, quand je vois chaffer impitoyable-
ment de chez vous cinq ou fix perfonnes que
j'y avais introduites, je dois être affez délicat pour me punir de vous les avoir préfen-
tées, & je me réfigne à toute la rigueur de

ma difgrace, pour jufqu'au terme qu'il vous plaira de fixer à fa durée. ═ A ces mots il fortit auffi vifiblement piqué que le peu de caractere de cette phyfionomie pouvait permettre qu'on le remarquât. Je fus, pour mon compte, enchanté de voir ainfi finir des difcuffions dans lefquelles je mourais de peur de me voir peut-être enfin indifcrettement mêlé.

═ Tout ceci, dit fort fenfément la douce Belmont, doit nous engager à tamifer notre fociété. Quant à moi, je boude l'univers, & fi tu veux, Floricourt, nous ferons inacceffibles pendant un fiecle. Pour lors, toutes deux uniquement occupées de notre charmant prifonnier, & nous fuffifant à nous-mêmes, nous laifferons expirer, faute d'aliment, une multitude de petites liaifons, dont l'expérience nous apprend que, la plupart inutiles, elles peuvent auffi devenir dangereufes. ═ Floricourt n'oppofa rien à ce projet prudent & louable.

On vint les avertir que la voiture était prête. Elles donnerent les ordres néceffaires pour mon petit enménagement : Lebrun, que j'avais fait venir, tomba des nues quand il fut qu'il s'agiffait pour lui de venir s'établir avec moi fecrettement à la Barriere blanche. Sa raifon humorifte eut bien des objections à faire contre ce changement de féjour; mais

je le mis au pied du mur; en l'aſſurant que c'était à cauſe de vous, ma chere Comteſſe...
— A cauſe de moi! — Oui, ſans doute : ne pouvant me réſoudre à faire, dans votre hôtel, des remedes qui, tôt ou tard, trahiraient une poſition dont j'aſſurais que pour tout l'or du monde, je ne voudrais pas que vous puſſiez être inſtruite. Bref : ce fut pour déguiſer mon déplacement, que je prétextai ce prompt voyage en Bretagne, pour lequel, ne devant être abſent que quinze jours, je le fus néanmoins pendant près de ſix ſemaines : ſtratagême dont votre confiante amitié fut complettement la dupe... ,,

,, Ainſi donc, Monſieur, lui dis je, un nouvel engagement obtenait de votre part la préférence ſur l'attachement le plus éprouvé! Des étrangeres, des folles, vous arrachaient de chez votre meilleure amie! Voyez à quelle diſtance des vrais devoirs peut être jetté le plus galant homme par les cahos d'un tourbillon déſordonné! Je me flatte au ſurplus que la ſuite de votre hiſtoire ne reſſemble point à ce que vous m'en avez appris? je n'aurais pas, je vous l'avoue, le courage de l'entendre. — Le plus bourbeux eſt écouté. — Nous ne dirons donc rien de ces Dames qui vous parlerent à la ſortie de l'Opéra? — Une ſeule a rendu néceſſaire que je vous entretienne d'elle. Tout le reſte ne ſignifie rien,

& peut être omis. En somme, attendez-vous
à me voir, sinon plus sage, du moins d'un
peu meilleure compagnie. — A la bonne
heure. A cette seule condition; je veux bien
promettre de vous donner, demain, pour la
suite de votre Roman, une nouvelle au-
dience.

_____

CHAPITRE XXXVI.

Monrose reprend le fil de son récit.

„LE retour de mes adorables Hôtesses s'annonça par la plus pétulante gaîté. Ces Dames
avaient eu vis-à-vis d'elles, au spectacle, les
deux Provinciales de la veille, avec leurs maris, tous quatre aux petits soins auprès de
l'illustre Baronne de Flakbach, livrée à ces
hommages par le flegmatique d'Aspergue, en
sixieme dans leur loge. „

= Cette folle de Floricourt, me dit Mad. de
Belmont, ne voulait-elle pas faire une scene!
attendre, pour la premiere fois de sa vie, la
fin du spectacle; se trouver au vestibule avec
toute la clique, & noter à jamais d'infamie
cette vipere de Flakbach! jugez un peu du
scandale qu'aurait fait un pareil éclat! au
surplus, comme tous les combats ne se don-

nent pas corps-à-corps, la myſtifiante caravane n'a pas laiſſé de ſouffrir de nos attaques;
je dis de celles de Floricourt, qui n'a ceſſé de
ricanner, de lorgner & de plier les épaules,
car j'ai gardé, moi, tant que je l'ai pu, une
décente neutralité. ==

„Il eſt en effet impoſſible d'imaginer quelque choſe de plus ridicule que ce qui ſe peignait à mon imagination, d'après le récit de
la ſpirituelle Belmont. „

„L'ex-Tragédienne tranchait de la Ducheſſe,
ſe renverſait nonchalamment pour écouter,
avec un théâtral abandon, ſon fade Moiſimont; celui-ci en fraix extrêmes d'éloquence,
commandé à baguette; & ſouvent ſorti, rentré, on ne ſait à propos de quels caprices:
D'ailleurs, ces deux tourtereaux avaient l'air
d'ignorer totalement qu'on était au ſpectacle.
Mimi, fort négligée, ſans rouge, pourtant
très-jolie ſi elle n'avait pas été verte comme
un chou, s'agitait, ſoit ennui, ſoit *manieres*;
lorgnait cavalierement les jeunes acteurs; le
balcon, & par-ci par-là, quelques freluquets
du parterre : la graſſe amie reſſemblant bour-
geoiſement à quelque ragoutante *niece* de
Chanoine, frappait comme un briquet ſur
le froid d'Aſpergue qui ne donnait pas la
moindre étincelle. Par-deſſus tout ce monde-
là, l'autre mari, allongeant le cou, bouche
béante, dévorant d'attention la piece & les

acteurs, & peſtant parfois, contre ſa femme,
à cauſe d'un caquetage qui troublait ſes ſpi-
rituelles joüiſſances. Tel était le tableau dont
l'hoſtile Floricourt ne pouvait s'arracher, &
qu'elle mourait d'envie de rendre tragique,
mais dont Belmont, d'un autre caractere,
avait eu le bon ſens de beaucoup s'amuſer. „

„ Cependant le tems où j'avais été ſeul, ne
s'était pas vainement écoulé pour moi. J'é-
tais arrangé dans une jolie piece entre les
deux chambres à coucher : quel voiſinage pour
un malade de mon eſpece! j'avais auſſi vu le
Docteur. Mon état n'annonçait pas devoir
devenir auſſi rigoureux que la promptitude
des accidens ſemblait m'en avoir menacé ; j'é-
tais diſpenſé de la ſaignée. On me bornait à
la ſtricte obſervation des remedes & du régime, le tout, au ſurplus, ſecondé d'une imperturbable continence. C'eſt-à-dire qu'on
me condamnait au ſupplice de Tantale. Que
dis-je! Tantale n'avait que faim & ſoif : je
brûlais d'un double & réciproque amour!
Ah! j'étais bien plus à plaindre!

„ Puiſque je vous ai promis, ma chere
Comteſſe, d'être vrai ſans réſerve, il eſt néceſſaire que je vous conte quel étrange con-
ſeil ſe tint entre ces Dames & moi dès le premier ſoir de notre ſociété nouvelle. Floricourt
prétendait que nous devions paſſer tous trois
la nuit enſemble ; qu'il était génereux de me

prouver qu'on m'aimait affez pour vouloir partager ma difgrace, & que lofque tout ferait commun entre nous, on procéderait de même en commun à la cure. Belmont rejettait bien loin cet avis extravagant.,,

— Le vôtre? interrompis-je : vous étiez, je gage, pour *coucher*? — J'étais, je vous l'avoue, étrangement combattu. Je déteftais, il eft vrai, l'idée criminelle d'empoifonner deux femmes qui me montraient à l'envi tant d'amour; mais elles étaient fi defirables! & comment me perfuader que dans un état de perpétuelle tentation, tôt ou tard quelqu'inftant d'oubli ne me rendrait pas coupable envers elles d'une galante ingratitude! Leur libre volonté m'aurait fauvé la honte d'une aufli perverfe faibleffe. — Hommes! hommes! (ne pus-je m'empêcher de m'écrier) que vous êtes au-deffous de nous! = Monrofe pourfuivit :

,, Après un débat affez vif, où d'ailleurs j'étais neutre, Floricourt, dans un moment de fougue, allait trancher les difficultés : déjà debout & me tenant la main, elle m'entraînait chez elle; mais, à l'inftant Belmont fe jette entre deux : =Non, non, Floricourt; tu ne te dégraderas pas à ce point. — Si tu me blames, ripofte mon emportée raviffeufe, tu ne connais rien à l'amour... —Si le délire des fens peut t'égarer (replique avec dignité Belmont,

mont, toujours oppofante) tu ne connais
rien toi-même à l'amitié... Monrofe (ajoute-
t-elle, tournant vers moi des yeux humides,
& parlant fi tendrèment que mon cœur en
fut brifé.) Si vous nous aimez... == Je ne
laiffe point achever ce qu'elle avait à me dire ;
ma main s'efforce d'échapper de celle de Floricourt, qui frémit en lui réfiftant. Cependant je deviens libre : un moment de ftupeur
nous paralyfe en fituation. Le grouppe fe dé-
compofe, c'eft la fin de l'orage : nous ren-
trons muets, calmes en apparence, & bientôt chacun va fe mettre au lit féparément. „

CHAPITRE XXXVII.

*Convalefcence. Romans. Plaidoyer. C'eft tou-
jours Monrofe qui me parle.*

„ HEUREUX, ma chere Comteffe, mille &
mille fois heureux le malade dont l'Amour
daigne fe faire le complaifant hofpitalier !
Qu'il eft doux de fe voir préfenter par les
plus belles mains du monde les breuvages
néceffaires à la guérifon ! Qu'on a de plaifir
à les favourer quand on peut fe dire : „ la
fin de tout ceci fera le comble de la félicité ! „
Quelle gaité ne répandaient pas fur les plus

Première Partie. L

humiliants détails de mon traitement les étonn-
nans fervices de deux petites maîtreffes., fe
difputant près de moi le foin des lotions,
& jufqu'à l'intromiffion de certains remedes,
quand j'affectais d'en épargner à mes gens
eux-mêmes le procédé burlefque! Oui : telle
était la folie de mes charmantes Gardes-ma-
lade, qu'il m'était défendu de me médica-
menter moi-même d'aucune maniere, & que
le grave le Brun était également dépoffédé de
cette portion des droits de fon état auprès
de ma perfonne. C'eft ainfi que le trifte ac-
compliffement des volontés du Docteur dé-
générait en récréations bouffonnes, & trompait mon affreufe difgrace. Combien de fois
pourtant, principalement les premiers jours,
mes féminines Efculapes me mirent au fupplice, moins par leurs foins ftimulans, que
par la précaution de ne me *traiter* jamais
qu'enfemble, comme ces Dames en avaient
fait entr'elles l'inviolable ferment! C'eft fur-
tout cette réunion qui, doublant mes tenta-
tions, foufflait à l'excès le feu de mon amour,
& mutinait de cuifans defirs, au point de les
rendre enfin infupportables. Envain des faveurs de plus d'un genre, mais qui n'étaient
que fleurs pour moi, charmaient-elles mon
état de privation, & m'affuraient-elles que
j'occupais amoureufement deux êtres parfaitement fenfibles ; c'était emprunter encore où

je me défolais de ne pouvoir au contraire répandre mes richeffes. Le plaifir que je donnais
excitait ma jaloufe envie : une invalide partie de moi-même reprochait, avec rage, fur-
tout à mes baifers, cette fantafque ufurpa-
tion de fes droits légitimes. J'achetais ainfi
bien cher un fimulacre de bonheur. ,,

,, A cela près, je menais, dans mon hô-
pital, une vie bien douce. Floricourt, fille
d'un Artifte diftingué, peignait elle-même
en Artifte. Belmont favait chanter & jouer
de la harpe... comme plaire, comme aimer.
Elles cultivaient à l'envi mes talens à demi-
formés pour le deffin & la mufique. Je faifais avec ces Maîtreffes des progrès furprenans.
L'Amour enfeigne bien mieux qu'Apollon lui
même ; je l'éprouvais. ,,

,, Cinq femaines fe pafferent ainfi, pendant lefquelles on ne me quitta jamais, fi ce
n'était pour aller furtivement à quelque fpectacle. Pendant ce tems-là je guéris, & j'at-
teignis l'un des plus beaux momens que puiffe
fouhaiter un jeune mondain un peu jaloux de
fa figure. Cet heureux point fut habilement
faifi par les galants pinceaux de Floricourt
qui, dans un tableau de demi-nature, me pei-
gnit deux fois, avec une parfaite reffemblan-
ce, chacun des deux *moi*, mourant du baifer d'une femme célefte ; ces femmes étaient...
l'Artifte elle-même & notre amie ; derriere

nous l'Amour fouriant, achevait de graver
avec un de fes traits fur un vafe de fleurs :
,, & tous quatre ne font qu'un. ,,

= Vous finirez, interrompis-je, par me
raccommoder avec ces femmes. A vous entendre, on dirait que cela fait aimer & même avec délicateffe ! Comment concilier cette
conduite avec mille traits qu'on fait d'elles ?..
En un mot, avec leur réputation ? — Votre
réflexion eft jufte, répondit mon neveu ; il
eft très vrai que ces Dames font confondues,
dans l'opinion du public, avec une infinité
d'autres auxquelles il refufe fon eftime. Mais
malgré le refpect qu'on doit à fes jugemens,
qui ne fait combien le plus fouvent ils font
injuftes ! Si ce Public, toujours avare d'éloge, préconife parfois le faux mérite ou les
vices adroitement mafqués, doit-on s'étonner que, s'attachant à des apparences défa-
vorables, il prononce légerement de rigoureux arrêts contre des perfonnes qui, mieux
examinées, entraîneraient peut-être fes fuf-
frages ! Vous devez favoir, mieux que moi,
ma chere Comteffe, qu'à Paris fur-tout on
eft le jouet de mille chocs qui, nous jettant
çà & là, en dépit de notre naturel & de nos
affections, modifient & fouvent dénaturent
notre exiftence au point de nous rendre enfin méconnaiffables à nous-mêmes : mes belles
amies étaient toutes deux dans ce cas. ,,

„ La Nature s'était épuisée en leur faveur ;
d'étranges hasards leur avaient préparé des
disgraces cruelles, &, comme tant d'autres,
elles s'étaient accrochées, dans leur naufrage,
à la planche de la *galanterie* qui sauve toutes les jolies femmes qui le veulent bien ; ce
qui vaut mieux sans doute pour elles, que
de périr. Le Roman de Mad. de Belmont était
sur-tout un affreux tissu d'innocentes hor-
reurs. „

„ Une Abbesse de haut rang, esprit fort,
avait séduit, âgé de 16 ans, le fils naturel
dont elle était autrefois accouchée : une fille
était le fruit de cet inceste. Lucette, secret-
tement élevée chez des gens du peuple,
mais n'ayant point été négligée, fut retirée
de là dès qu'elle eut 14 ans. Dans un bien-
faiteur, jeune encore & séduisant, elle était
bien éloignée de soupçonner un pere ; elle
espérait plutôt d'y rencontrer un époux. Le
premier homme pour lequel avait parlé son
cœur triompha sans effort d'une raison qu'on
n'avait armée d'aucun préjugé. Lucette, pres-
qu'aussitôt amante que protégée, donna bientôt aussi des signes de sa prochaine maternité.
Sur ces entrefaites, ce pere, ce frere méconnu,
ce protecteur, cet amant tomba dangereuse-
ment malade ; la Faculté lui signifia l'arrêt
d'une mort inévitable. Il était riche, ayant
été joueur adroit, habile & rusé spéculateur ;

L 3

ayant, en un mot, pratiqué, avec un extrême bonheur, le fyftême du *rem*, *quocumque*
modo rem d'Horace (*) : il lui reftait donc
un moyen de réparer les outrages faits à la
candide Lucette, à qui d'ailleurs le fang ac-
cordait tant de droits. Que ne fe borna t-il,
cet homme criminel, à donner tout fon bien!
mais un imprudent fcrupule lui fit auffi révéler à fa future héritiere, tous les honteux
fecrets de fon origine & de fes premieres
amours. Cependant la cynique Ayeule vivait
encore. Elle tenait à tout; on s'employa pour
procurer à Lucette un époux. On trouva, fans
beaucoup de peine, un Gentilhomme auffi.
pauvre d'honneur que de biens & de préju-
gés, qui, fachant très-bien qu'il allait époufer une bâtarde enceinte, ne laiffa pas de vendre fon nom pour vernir la mere & le futur
enfant. Au furplus, on ne fit point à cet homme la dangéreufe confidence des myfteres plus
particuliers de la généalogie de fon époufe :
il l'avait prife comme *fille naturelle de gens*
de qualité. La dot était confidérable & comp-
tant, ce que Crifpin rival reconnaît judicieu-
fement être préférable, étant *plus portatif*. En
effet, l'inceftueux beau-pere & beau-frere
n'eut pas plutôt fermé les yeux, que M. de

(*) Du bien : à quelque prix que ce foit, du bien.

Belmont voyagea, gafpilla, joua, ruina fa malheureufe bienfaitrice, & la rendit plus malheureufe encore, par des procédés brutaux & par d'indignes reproches. Lorfque tout fut au pis, il convint à M. de Belmont de chercher fa fûreté dans un volontaire exil. Cependant, foutenu, malgré fes déportemens, par l'Abbeffe, philofophiquement indulgente pour le crime, & jaloufe de montrer quelque pouvoir, M. de Belmont eut encore le bonheur d'obtenir un emploi militaire décent & lucratif fous un autre hémifphere. Son époufe, refpirant enfin, mais fans reffources, & dédaignant de fe jetter dans les bras d'une ayeule auteur de tant de maux, Mad. de Belmont, dis-je, préfera de compofer feule avec la fortune ; on lui donnait de bons confeils, elle les fuivit : des amis généreux l'eurent bientôt indemnifée de toutes fes pertes, & confolée de fes étranges malheurs (*). „

„ Le deftin de Mad. de Floricourt, beaucoup moins bigarré, n'avait pas été plus doux. Elevée au fein des beaux arts, elle avait fait, à 15 ans la paffion d'un Magot fou de peinture & de jolies femmes ; qui n'avait d'ail-

---

(*) Cette étonnante hiftoire, à quelques circonftances près, eft celle d'une perfonne qui vit encore à Paris.

leurs aucune efpèce de mérite, mais en revanche, plus de travers encore que de dif-
formité. Ce vilain homme n'ayant pu fup-
porter décemment le premier grade de *cocu*
que fa femme s'était avifée de lui conférer,
il y eut entr'eux une rupture d'éclat : l'objet
de la fortune fut ainfi manqué pour la charmante Floricourt; mais la très-modique penfion à laquelle on la bornait, ne pouvant fuf-
fire à cette femme fenfuelle, & chez qui le
goût de fafte était le plus raffiné, bientôt,
ainfi que Belmont, elle prit le parti de s'entourer d'amis galans & prodigues. Vous voyez,
chere Comteffe, que malheureufes dans tout
ce qui leur était étranger, ces Dames furent
entraînées par ce torrent où tant d'autres, que
rien ne peut excufer, fe précipitent d'elles-
mêmes avec délices : mes Hôteffes ont donc
felon moi, de grands droits à l'indulgence,
& c'eft à leur égard fur-tout qu'on peut dire,
comme on ferait bien de l'appliquer à tout
le monde : ,, tout eft ici bas pour le mieux. ,,

CHAPITRE XXXVIII.

Nécessaire & peut-être intéressant.

QUOIQUE bien convaincue de la justesse de l'axiôme cité, mes fonctions de Censeur me défendaient d'y applaudir. Cette thèse ne fut donc point poussée : Monrose continua.

„ Graces à cette tolérance que j'ai pour le reste de mes jours vouée à l'humaine faiblesse, je pus me faire une raison sur de petits revers capables de désespérer qui n'aurait eu que mes passions sans un peu de saine philosophie. Tout le bon tems dont mes célestes Hôtesses auraient volontiers disposé uniquement en ma faveur, s'était écoulé sans beaucoup de fruit pour moi : l'impérieuse voix de la nécessité leur criait, plus haut de jour en jour, de nommer enfin à des places qui, si vous vous en souvenez, étaient vacantes (*) à l'époque justement où devait commencer mon regne. Belmont, (faut-il vous révéler notre honte) Belmont, vers la fin de ma maladie, s'était arrangée avec un Pré-

_____

(*) V. le chapitre 20 de cette première partie.

lat... (Vous ferez bien étonnée, chere Comteffe, quand je vous le défignerai.) Et comme tout fe faifait parallelement chez deux
amies plus unies qu'Orefte & Pilade, Floricourt, en même tems paffait bail avec un
opulent Banquier ; le tout, au furplus, fans
déroger au ferment de m'aimer toutes deux
à la folie. ,,

,, Vous allez me demander fi l'on me fit
l'affront de me confier ces humilians accords ?
& comment je pus auffi m'inftruire des aventures bien terreftres de ces femmes que j'a-
vais tant à cœur d'ériger en divinités ? Je
n'ai rien fu par elles, ou du moins j'avais
puifé d'avance dans une autre fource, des faits
dont plus tard, il eft vrai, leur amitié s'en-
hardit à me révéler une partie. Si Mons le
Brun eft un auftere Philofophe, il eft auffi le
plus ardent & le plus entreprenant des Paf-
quins. Il avait donné tant d'amour à la Femme-de-chambre de ces Dames, il avait pris
fur elle un fi fort afcendant, qu'il en arra-
chait tout ce qu'elle pouvait favoir des fecrets de fes Maîtreffes, defquelles d'ailleurs
elle ne croyait point médire, parce qu'elle
leur pardonnait tout & les chériffait à l'égal
de fa vie. Le Brun, avec plus de morale, &
qui fe pique d'une autre maniere de m'aimer,
profitait politiquement de toutes les lumieres qu'il pouvait acquérir, fe flattant que fes

rapports, appuyés de fort éloquentes re-
montrances, me détacheraient bientôt de mes
galantes Hôteſſes. C'eſt ainſi qu'en dépit de
moi le bourreau déchirait avec ſuite un ban-
deau que j'aimais à porter. J'avais beau jurer
contre l'impertinent Hiſtorien, lui preſcrire
le ſilence, menacer, le chaſſer en un mot, il
me répondait, avec un ſang-froid déſeſpérant,
*que lui ſeul pouvait ſe chaſſer d'auprès de moi
quand il ſentirait m'aimer moins & m'être
moins néceſſaire; mais que tant que j'aurais,
comme il le voyait, le mors aux dents, &
que, lui, pourrait demeurer maître de la bride, (je vous cite ſes termes) mes hauts-le-corps
& mes ruades ne viendraient point à bout de
déſarçonner ſon flegmatique attachement.* „

Honnête & rare créature! Quelle faute
j'euſſe commiſe, ma chere Comteſſe, en éloi-
gnant de moi cet incomparable ſerviteur, à
qui bientôt après je devais avoir obligation
des plus inſignes ſervices!

CHAPITRE XXXIX.

Qui n'étonnera pas les gens du monde.

ENFIN, enfin, la faute ridicule d'avoir *eu* cette détestable Flakbach était expiée ; l'empreinte de ses funestes bontés était effacée jusqu'à la moindre trace, & j'allais être selon les premieres conventions, en droit de réclamer ma liberté ; mais j'étais bien plus occupé de solliciter une revanche serrée où je pusse regagner un si longtems perdu pour le vrai bonheur. On ne me fit pas présenter deux fois ma galante requête.

Dès que les dernieres formes prescrites par le Docteur eurent scellé ma parfaite guérison, toutes *bornes à ma faveur* disparurent. Envain, en nous disant adieu, le prudent Esculape m'avait-il fait jurer d'être pendant quelque tems encore fort sobre au banquet des amoureuses jouissances ; ni mes beautés, ni moi n'étions gens à prolonger ainsi notre commun tourment ; j'aimais, j'étais aimé. D'ailleurs je n'ignorais point la double mine creusée sous mon galant intérêt ; je sentais qu'il était délicat à moi de prendre vîte un milieu convenable entre l'incivilité d'une rétraite trop précipitée , & l'indiscrétion d'un trop long séjour. En un mot , également incapables tous trois d'éteindre brusquement le flambeau , nous pouvions du moins hâter le ravage de la flamme , afin qu'il fût plutôt consumé. Huit jours... Quels jours , ma chere Félicia ! Fût-ce un songe ? Non : je me souviens trop bien qu'ils ont existé : n'étais-je alors qu'un homme ! Etais je un Dieu ! Huit jours plongé dans les perpétuels délices de ma double possession ! Huit jours enivré , comblé de toutes les voluptés de l'Amour & du caprice ! Huit seuls jours au bout desquels enfin le *nec plus ultrà* de mon triomphe était de voir les amies, pour le coup un peu jalouses , se disputer les restes de mes expirantes facultés : tel fut le cercle étroit mais brillant de ma félicité suprême. N'était-il pas bien piquant pour mon amour-propre que la derniere nuit dont je devais jouir entre mes deux Vénus , elles se partageassent mes longs cheveux , les entortillant chacune autour d'un bras , de peur que pendant le sommeil de l'une , je ne pusse la frustrer en me livrant furtivement à l'autre avec quelqu'inégalité ! Il faut en convenir humblement , ma chere Comtesse ; cette nuit si différente de celles qui l'avaient précédée , fut celle où le flambeau cessa de donner de la lumiere. Soufflé de toutes manieres , vers le matin il ne fut

plus qu'un charbon fumeux, & prefqu'auffitôt une poignée de cendres. ,,

,, C'était le fignal de ma retraite : on me
rendit l'effor. Hélas! je ne reffemblais plus
gueres aux deux *moi* du frais tableau d'alliance. Vous me revîtes; je vous fis peur, &
vous me grondâtes bien de m'être à ce point
fatigué pendant un voyage dont avec raifon
vous perfiftiez à nier l'utilité. ,,

J'attendais impatiemment la fin de ce détail, me fouciant affez peu des figures hy-
perboliques au moyen defquelles mon romanefque Neveu s'évertuait à juftifier la dupe-
rie, d'avoir fait pendant toute une femaine
la chouette à ces deux impitoyables joueufes;
j'avais bien plus à cœur de favoir quel était
ce Prélat dont *je ferais étonnée*, & qui fe char-
geait de foutenir Mad. de Belmont.

Etonnée! je ne le fus prefque point, lorfqu'après quelques façons, Monrofe me nom-
ma le très-lubrique & peu conftant oncle de
d'Aiglemont; le Prélat de d'Orville, de Silvine, le mien. ⸺ Ainfi donc, dis-je à mon
Pénitent, cet arrangement, qui ne peut pas
être plus ancien que de quatre mois, dure
peut-être encore ? — Affurément. — Cependant je vois fouvent le conquérant Evêque,
& jamais il ne m'a parlé de cette femme!
⸺ Il a peut-être fes raifons pour cela ⸺ Le
fripon fouriait : en effet, il me pinçait à fon

tour; car j'avoue de bonne foi que de tems
en tems sa Grandeur passait encore avec moi
des heures agréables. Certes, c'est dire d'elle
un grand bien ; est - il beaucoup d'hommes
assez aimables pour qu'au bout de huit ans
de connaissance on ait encore du plaisir à les
favoriser ! au surplus, Monseigneur, plus prudent à mesure que l'âge ajoutait à la gravité
de son rôle dans le Public, faisait très-bien
d'être hypocrite. Il me connaissait peu curieu-
se des affaires d'autrui ; c'était donc peut-
être sans affectation qu'il avait négligé de me
confier ses rapports avec Mad. de Belmont.
Beaucoup moins prévenue contr'elle, d'après
le bien que Monrose en avait dit, je me sentais très-capable de pardonner cette Maîtresse
au Prélat incorrigible. ═

Sans doute, mon cher Neveu, lui dis-je,
vous conservâtes chez ces Dames vos grandes & petites entrées ? ─ J'en jouis encore :
il n'eût tenu qu'à moi que ce fût toujours
sur le même pied qu'au moment de notre
séparation ; mais un certain jour ayant eu
par malheur la vision du Pataud dont Floricourt gagnait l'or au prix du partage de
mes priviléges, le dépit d'avoir un aussi flé-
trissant rival, me glaça soudain pour elle. Dès
que mes soins & mes transports furent iné-
galement répartis, Belmont, plus qu'amie
de sa Floricourt, n'hésita pas à me sacrifier ;

elle me rendit le froid dont j'offenfais fon intime : notre commerce dégénéra, languit; il n'eft plus aujourd'hui qu'une amitié tranquille, à peine galante, & que n'a dégradée qu'une feule fois un retour capricieux, dont la réalité valut à peine le moindre fouvenir de l'heureux tems où tout de bon nous étions fous le charme.

Fin de la premiere Partie.

TABLE

Des Chapitres de la première Partie.

Premiere partie.   M

Fin de la Table de la premiere Partie.

ERRATA

De la premiere partie.

Page 17 ligne 20. ajoutais-je : *lifez* ajoutai-je.

    26.   26. de toutes celles : *lifez* de celles.

    62. avant derniere ligne. facrifiez , *lifez* favorifez.

    79.   13. fuppofer : *lifez* croire.

    98.   5. je fois : *lifez* je foye.

    105.   25. emportée : *lifez* emporté.

    112. derniere avant la note. donc : *lifez* dont.

    130.   2. vifite : *lifez* vifites.

    136.   27. forcerait à : *lifez* forcerait pas à.

    138.   6 de la note. théâtres : *lifez* théâtre.

    144.   24. Vanidor , acteur : *lifez* Vanidor , pour lors acteur.

    148.   14. outrage : *lifez* ravage.

    156.   21. cahos : *lifez* cahots.

    162.   17. féminines : *lifez* féminins.

www.ingramcontent.com/pod-product-compliance
Lightning Source LLC
Chambersburg PA
CBHW070627100426
42744CB00006B/616